KB202309

벤자민 벤돔 신앙문답

제5열람실은 '교회를 위한 신학을 공부하는 곳'이라는 의미를 지닌 침례신학대학교 독서 동아리였습니다. 이제는 교회에서 출판사 제5열람실로 다시 이 소망을 이어갑니다. 제5열람실은 종교개혁의 유산, 침례교가 가지고 있는 개혁신학과 신앙을 한국교회에 소개하고자 책을 만들어내고 있습니다. 우리가 펴낸 모든 책이 교회를 바로 세우는 기틀이 되기를 바랍니다.

신앙의 기초 ②

# 벤자민 벧돔
# 신앙문답

Benjamin Beddome

김홍범 옮김

제5열람실

# 서문

    침례교회는 벤자민 키치 신앙문답과 벤자민 벧돔 신앙문답 그리고 스펄전 신앙문답과 같은 소중한 유산을 가지고 있습니다. 하지만 이러한 귀중한 침례교 유산들이 한국교회에 많이 알려지지 않아서 출판사 제5열람실은 앞으로 이 유산들을 하나씩 소개하고자 합니다. 제5열람실이 첫 번째로 소개하고자 하는 신앙문답은 벤자민 벧돔의 신앙문답입니다. 벧돔의 신앙문답은 벤자민 키치의 신앙문답(1677/1693)을 기초로 재구성된 것입니다. 벤자민 벧돔<sup>Benjamin Beddome(1717-1795)</sup>은 침례교회의 모범이 되는 목회자들 중 한 명이지만, 한국교회에 많이 알려지지 않아서 우선 그의 생애에 관하여 간략히 소개하고자 합니다.

    벤자민 벧돔은 1717년 목사인 존 벧돔<sup>John Beddome(1674-1757)</sup>과 레이첼

브랜던<sup>Rachel Brandon</sup> 사이에서 태어났습니다. 벧돔은 런던에서 1739년 부터는 존 임즈<sup>John Eames</sup>가 신학교수로 있는 더 펀드 아카데미<sup>The Fund Academy</sup>에서 공부했습니다. 그는 런던에서 1739년에 침례를 받았습니다. 그는 1743년 9월 23일 버튼 온 더 워터<sup>Bourton-on-the-Water</sup>에서 침례교목사로 세워지고 1795년 자신의 삶을 마칠 때까지 성실히 사역을 감당했습니다. 특별히 벧돔은 자신이 사역하는 교회에서 놀라운 부흥을 경험했으며, **"그의 설교를 들으면 더할 나위 없이 행복하고 그의 설교에는 오직 말씀만 있고 힘 있고 간결하다"**라는 칭찬을 받을 정도로 설교자로도 이름을 알렸습니다. 그는 자신이 목회하는 교회에서 벤자민 키치 신앙문답을 계속해서 가르쳐왔고, 1752년에 자신의 교회에 적합하게 벤자민 키치신앙문답을 재구성하고 필요한 질문들을 추가하여 '신앙문답 성경해설서'를 출판하였습니다. 벧돔은 음악에도 아주 뛰어난 재능을 가지고 있어서 아침예배 때 부르기 위해 찬송가를 직접 작사 작곡을 하였습니다. 찬송가는 출판하지 않으려 하였으나 1769년에 직접 쓴 찬송가들 중 13곡이 출판되었습니다.

벧돔의 생애 가운데 특별히 주목해야할 것은 벧돔이 신앙문답을 가르친 이유입니다. 벧돔은 신앙문답이 **머리로만 아는 지식을 마음의 신앙과 일치시키는 유용한 도구**라고 생각했습니다. 우리는 벧돔의 이러한 통찰력을 그냥 흘려버려서는 안 됩니다. 신앙문답에 관한 편견을 잠시 접어두고 각 개인이 그리고 교회가 함께 신앙문답을 읽고 우리 선조들이 누렸던 유익을 풍성히 누리길 바랍니다. 그리고 1740년대 벧돔이 이끈 놀라운 부흥의 **"가장 중요한 한 가지 도구는 바로 신앙문답을 가르친 것이었다"**라는 평가를 받고 있습니다.[1] 교회의 부흥을 경험하지 못하고 있는 지금의 한국교회는 우리의 선조들처럼 신앙문답을 가르쳐 이를 참된 부흥의 밑거름으로 삼아야 한다고 생각합니다. 이 책이 각 교회에서 가르치는 교재로 사용되고 성도 개인에게는 성경 옆에 두고 읽어 자신의 신앙을 증진시키는 하나의 도구가 되길 바랍니다. 그래서 우리 선조들이 그랬듯이, 하나님을 아는 지식과 이웃에 대한 사랑이 풍성해져 우리 모두가 이 땅에 더 좋은 교회를 세워가고, 더 좋은 성도가 되어가길 소망합니다.

---

1) 마이클 헤이킨(Michael A. G. Haykin)이 쓴 벤자민 벧돔 생애를 참고하였습니다.

벤자민 벧돔 신앙문답

# 목 차

**일러두기**

1. "벤자민 뱁돔 신앙문답 성경해설서"[1]에서 주요 문답 114문항만을 선택하였습니다.

2. 각 문답에 성경구절을 추가 하였습니다.

3. 신앙교육에 도움을 주고자 각 문답을 52주로 구분하고 소제목을 붙였습니다.

1) A Scriptural Exposition of the Baptist Catechism

# 벤자민 벧돔 신앙문답

## Benjamin Beddome

사람이 마음으로 믿어 의에 이르고 입으로 시인하여
구원에 이르느니라(롬 10:10)

성경을 연구하라(요 5:39)

하
나
님
의
존
재
하
심

**제1문**  누가 처음이시고 최고이신가?

**답**  하나님께서 처음이시고[1] 최고이시다.[2]

1) 이사야 44장 6절 2) 출애굽기 15장 11절, 시편 97편 9절

**제2문**  모든 사람은 마땅히 한 분 하나님께서 존재하신다
는 사실을 믿어야 하는가?

**답**  모든 사람은 마땅히 한 분 하나님께서 존재하신
다는 사실을 믿어야한다.[3] 그런데도 그들의 큰
죄와 어리석음이 믿지 못하게 한다.[4]

3) 히브리서 11장 6절 4) 시편 14편 1절

**제3문**  우리는 한 분 하나님께서 존재하신다는 것을 어떻
게 알 수 있는가?

**답**  사람 안에 있는 자연의 빛과[5] 하나님의 일들은[6]
하나님께서 존재하신다는 사실을 분명하게 선언
한다. 그러나 오직 하나님의 말씀과[7] 성령님만
이[8] 하나님의 존재하심을 충분하고 효과적으로
선언하는데 이는 죄인들의 구원을 위함이다.

5) 시편 19편 1절~2절  6) 로마서 1장 20절 7) 디모데후서 3장 15절~16절
8) 고린도전서 2장 10절

1) **이사야 44장 6절** 이스라엘의 왕인 여호와, 이스라엘의 구원자인 만군의 여호와가 이같이 말하노라 나는 처음이요 나는 마지막이라 나 외에 다른 신이 없느니라

2) **출애굽기 15장 11절** 여호와여 신 중에 주와 같은 자 누구니이까 주와 같이 거룩함으로 영광스러우며 찬송할 만한 위엄이 있으며 기이한 일을 행하는 자가 누구니이까

   **시편 97편 9절** 여호와여 주는 온 땅 위에 지존하시고 모든 신들보다 위에 계시니이다

3) **히브리서 11장 6절** 믿음이 없이는 하나님을 기쁘시게 하지 못하나니 하나님께 나아가는 자는 반드시 그가 계신 것과 또한 그가 자기를 찾는 자들에게 상 주시는 이심을 믿어야 할지니라

4) **시편 14편 1절** 어리석은 자는 그의 마음에 이르기를 하나님이 없다 하는도다 그들은 부패하고 그 행실이 가증하니 선을 행하는 자가 없도다

5) **시편 19편 1절~2절** 하늘이 하나님의 영광을 선포하고 궁창이 그의 손으로 하신 일을 나타내는도다 날은 날에게 말하고 밤은 밤에게 지식을 전하니

6) **로마서 1장 20절** 창세로부터 그의 보이지 아니하는 것들 곧 그의 영원하신 능력과 신성이 그가 만드신 만물에 분명히 보여 알려졌나니 그러므로 그들이 핑계하지 못할지니라

7) **디모데후서 3장 15절~16절** 또 어려서부터 성경을 알았나니 성경은 능히 너로 하여금 그리스도 예수 안에 있는 믿음으로 말미암아 구원에 이르는 지혜가 있게 하느니라 모든 성경은 하나님의 감동으로 된 것으로 교훈과 책망과 바르게 함과 의로 교육하기에 유익하니

8) **고린도전서 2장 10절** 오직 하나님이 성령으로 이것을 우리에게 보이셨으니 성령은 모든 것 곧 하나님의 깊은 것까지도 통달하시느니라

**제4문** 하나님의 말씀은 무엇인가?

**답** 신구약 성경이 하나님의 말씀이고 믿음과 순종에 있어서 유일하고 확실한 규칙이다.[1]

1) 베드로후서 1장 21절, 디모데후서 3장 15절~17절

**제5문** 모든 사람이 성경을 읽을 수 있는가?

**답** 모든 사람에게 성경이 주어졌고 모든 사람은 성경을 읽고 듣고 이해할 수 있을 뿐 아니라 이는 명령이며 권고이다.[2]

2) 사도행전 17장 11절, 신명기 17장 19절

**제6문** 성경의 주된 가르침은 무엇인가?

**답** 성경의 주된 가르침은 하나님에 관하여 우리가 마땅히 믿어야 하는 모든 것과[3] 하나님께서 사람에게 요구하시는 모든 의무 이다.[4]

3) 요한복음 20장 31절, 디모데후서 3장 15절 4) 디모데후서 3장 16절~17절, 전도서 12장 13절

1) 베드로후서 1장 21절 예언은 언제든지 사람의 뜻으로 낸 것이 아
니요 오직 성령의 감동하심을 받은 사람들이 하나님께 받아 말
한 것임이라

디모데후서 3장 15절~17절 또 어려서부터 성경을 알았나니 성경
은 능히 너로 하여금 그리스도 예수 안에 있는 믿음으로 말미
암아 구원에 이르는 지혜가 있게 하느니라 모든 성경은 하나님
의 감동으로 된 것으로 교훈과 책망과 바르게 함과 의로 교육
하기에 유익하니 이는 하나님의 사람으로 온전하게 하며 모든
선한 일을 행할 능력을 갖추게 하려 함이라

2) 사도행전 17장 11절 베뢰아에 있는 사람들은 데살로니가에 있는
사람들보다 더 너그러워서 간절한 마음으로 말씀을 받고 이것
이 그러한가 하여 날마다 성경을 상고하므로

신명기 17장 19절 평생에 자기 옆에 두고 읽어 그의 하나님 여호
와 경외하기를 배우며 이 율법의 모든 말과 이 규례를 지켜 행
할 것이라

3) 요한복음 20장 31절 오직 이것을 기록함은 너희로 예수께서 하나
님의 아들 그리스도이심을 믿게 하려 함이요 또 너희로 믿고
그 이름을 힘입어 생명을 얻게 하려 함이니라

디모데후서 3장 15절 또 어려서부터 성경을 알았나니 성경은 능
히 너로 하여금 그리스도 예수 안에 있는 믿음으로 말미암아
구원에 이르는 지혜가 있게 하느니라

4) 디모데후서 3장 16절~17절 모든 성경은 하나님의 감동으로 된 것
으로 교훈과 책망과 바르게 함과 의로 교육하기에 유익하니 이
는 하나님의 사람으로 온전하게 하며 모든 선한 일을 행할 능
력을 갖추게 하려 함이라

전도서 12장 13절 일의 결국을 다 들었으니 하나님을 경외하고
그의 명령들을 지킬지어다 이것이 모든 사람의 본분이니라

**제7문**　**하나님께서는 어떤 분이신가?**

**답**　하나님께서는 그 존재에 있어서[1] 무한하시고[2] 영
원하시고[3] 불변하신[4] 영이시며[5] 지혜,[6] 능력,[7] 거
룩[8], 공의,[9] 선,[10] 진실에[11] 있어서도 그러하시다.

1) 출애굽기 3장 14절 2) 욥기11장 8절~9절 3) 시편 90편 2절, 디모데전
서 1장 17절 4) 말라기 3장 6절, 야고보서 1장 17절 5) 요한복음 4장 24
절 6) 시편 147편 5절, 로마서 11장 33절 7) 시편 147편 5절, 예레미야
32장 17절 8) 이사야 6장 3절, 요한계시록 4장 8절 9) 신명기 32장 4절,
로마서 3장 26절 10) 출애굽기 34장 6절~7절, 로마서 2장 4절 11) 시
117편 2절

**제8문**　**하나님께서는 여럿이신가?**

**답**　하나님께서는 오직 한 분이시고[12] 한 분 하나님
만이 살아계시고 참 하나님이시다.[13]

12) 신명기 6장 4절, 이사야 44장 6절, 고린도전서 8장 4절~6절 13) 예
레미야 10장 10절, 요한복음 17장 3절, 요한1서 5장 20절

**제9문**　**하나님 안에는 얼마나 많은 위격이 있는가?**

**답**　하나님 안에는 세 위격이 있다. 성부하나님과 아
들 그리고 성령님이시다.[14] 그리고 이 위격들은
본질상 동일하고 힘과 영광에 있어서 동등하신
한 분 하나님이시다.[15]

14) 마태복음 28장 19절, 고린도후서 13장 13절 15) 요한복음 1장 1절,
요한복음 10장 30절, 사도행전 5장 3절~4절

　　　　　　　　　　　　　　　　　벤자민 벧돔 신앙문답

1) **출애굽기 3장 14절** 하나님이 모세에게 이르시되 나는 스스로 있는 자이니라 또 이르시되 너는 이스라엘 자손에게 이같이 이르기를 스스로 있는 자가 나를 너희에게 보내셨다 하라

2) **욥기 11장 8절~9절** 하늘보다 높으시니 네가 무엇을 하겠으며 스올보다 깊으시니 네가 어찌 알겠느냐 그의 크심은 땅보다 길고 바다보다 넓으니라

3) **시편 90편 2절** 산이 생기기 전, 땅과 세계도 주께서 조성하시기 전 곧 영원부터 영원까지 주는 하나님이시니이다

   **디모데전서 1장 17절** 영원하신 왕 곧 썩지 아니하고 보이지 아니하고 홀로 하나이신 하나님께 존귀와 영광이 영원무궁하도록 있을지어다 아멘

4) **말라기 3장 6절** 나 여호와는 변하지 아니하나니 그러므로 야곱의 자손들아 너희가 소멸되지 아니하느니라

   **야고보서 1장 17절** 온갖 좋은 은사와 온전한 선물이 다 위로부터 빛들의 아버지께로부터 내려오나니 그는 변함도 없으시고 회전하는 그림자도 없으시니라

5) **요한복음 4장 24절** 하나님은 영이시니 예배하는 자가 영과 진리로 예배할지니라

6) **시편 147편 5절** 우리 주는 위대하시며 능력이 많으시며 그의 지혜가 무궁하시도다

   **로마서 11장 33절** 깊도다 하나님의 지혜와 지식의 풍성함이여, 그의 판단은 헤아리지 못할 것이며 그의 길은 찾지 못할 것이로다

7) **시편 147편 5절** 우리 주는 위대하시며 능력이 많으시며 그의 지혜가 무궁하시도다

   **예레미야 32장 17절** 슬프도소이다 주 여호와여 주께서 큰 능력과 펴신 팔로 천지를 지으셨사오니 주에게는 할 수 없는 일이 없으시니이다

8) **이사야 6장 3절** 서로 불러 이르되 거룩하다 거룩하다 거룩하다

만군의 여호와여 그의 영광이 온 땅에 충만하도다 하더라

**요한계시록 4장 8절** 네 생물은 각각 여섯 날개를 가졌고 그 안과 주위에는 눈들이 가득하더라 그들이 밤낮 쉬지 않고 이르기를 거룩하다 거룩하다 거룩하다 주 하나님 곧 전능하신 이여 전에도 계셨고 이제도 계시고 장차 오실 이시라 하고

9) **신명기 32장 4절** 그는 반석이시니 그가 하신 일이 완전하고 그의 모든 길이 정의롭고 진실하고 거짓이 없으신 하나님이시니 공의로우시고 바르시도다

**로마서 3장 26절** 곧 이 때에 자기의 의로우심을 나타내사 자기도 의로우시며 또한 예수 믿는 자를 의롭다 하려 하심이라

10) **출애굽기 34장 6~7절** 여호와께서 그의 앞으로 지나시며 선포하시되 여호와라 여호와라 자비롭고 은혜롭고 노하기를 더디하고 인자와 진실이 많은 하나님이라 인자를 천대까지 베풀며 악과 과실과 죄를 용서하리라 그러나 벌을 면제하지는 아니하고 아버지의 악행을 자손 삼사 대까지 보응하리라

**로마서 2장 4절** 혹 네가 하나님의 인자하심이 너를 인도하여 회개하게 하심을 알지 못하여 그의 인자하심과 용납하심과 길이 참으심이 풍성함을 멸시하느냐

11) **시편 117편 2절** 우리에게 향하신 여호와의 인자하심이 크시고 여호와의 진실하심이 영원함이로다 할렐루야

12) **신명기 6장 4절** 이스라엘아 들으라 우리 하나님 여호와는 오직 유일한 여호와이시니

**이사야 44장 6절** 이스라엘의 왕인 여호와, 이스라엘의 구원자인 만군의 여호와가 이같이 말하노라 나는 처음이요 나는 마지막이라 나 외에 다른 신이 없느니라

**고린도전서 8장 4절~6절** 그러므로 우상의 제물을 먹는 일에 대하여는 우리가 우상은 세상에 아무 것도 아니며 또한 하나님은 한 분밖에 없는 줄 아노라 비록 하늘에나 땅에나 신이라 불리는 자가 있어 많은 신과 많은 주가 있으나 그러나 우리에게는

벤자민 벧돔 신앙문답

한 하나님 곧 아버지가 계시니 만물이 그에게서 났고 우리도 그를 위하여 있고 또한 한 주 예수 그리스도께서 계시니 만물이 그로 말미암고 우리도 그로 말미암아 있느니라

13) 예레미야 10장 10절 오직 여호와는 참 하나님이시요 살아 계신 하나님이시요 영원한 왕이시라 그 진노하심에 땅이 진동하며 그 분노하심을 이방이 능히 당하지 못하느니라

요한복음 17장 3절 영생은 곧 유일하신 참 하나님과 그가 보내신 자 예수 그리스도를 아는 것이니이다

요한1서 5장 20절 또 아는 것은 하나님의 아들이 이르러 우리에게 지각을 주사 우리로 참된 자를 알게 하신 것과 또한 우리가 참된 자 곧 그의 아들 예수 그리스도 안에 있는 것이니 그는 참 하나님이시요 영생이시라

14) 마태복음 28장 19절 그러므로 너희는 가서 모든 민족을 제자로 삼아 아버지와 아들과 성령의 이름으로 침례를 베풀고

고린도후서 13장 13절 주 예수 그리스도의 은혜와 하나님의 사랑과 성령의 교통하심이 너희 무리와 함께 있을지어다

15) 요한복음 1장 1절 태초에 말씀이 계시니라 이 말씀이 하나님과 함께 계셨으니 이 말씀은 곧 하나님이시니라

요한복음 10장 30절 나와 아버지는 하나이니라 하신대

사도행전 5장 3절~4절 베드로가 이르되 아나니아야 어찌하여 사탄이 네 마음에 가득하여 네가 성령을 속이고 땅 값 얼마를 감추었느냐 땅이 그대로 있을 때에는 네 땅이 아니며 판 후에도 네 마음대로 할 수가 없더냐 어찌하여 이 일을 네 마음에 두었느냐 사람에게 거짓말한 것이 아니요 하나님께로다

**제10문 하나님의 작정은 무엇인가?**

**답** 하나님의 작정은 자신의 의지의 경륜과 일치하는 영원한 목적이다. 작정하심으로써 하나님께서는 자신의 영광을 위해 앞으로 일어날 모든 일을 미리 정해두셨다.[1]

1) 시편 33편 11절, 다니엘 4장 35절, 로마서 11장 36절 , 에베소서 1장 10절~11절

**제11문 하나님께서는 자신의 작정을 어떻게 실행하시는가?**

**답** 하나님께서는 자신의 작정을 창조와[2] 섭리의[3] 일로 실행하신다.

2) 이사야 40장 26절, 요한계시록 4장 11절 3) 다니엘 4장 35절, 에베소서 1장 11절

벤자민 벧돔 신앙문답

1) **시편 33편 11절** 여호와의 계획은 영원히 서고 그의 생각은 대대에 이르리로다

**다니엘 4장 35절** 땅의 모든 사람들을 없는 것 같이 여기시며 하늘의 군대에게든지 땅의 사람에게든지 그는 자기 뜻대로 행하시나니 그의 손을 금하든지 혹시 이르기를 네가 무엇을 하느냐고 할 자가 아무도 없도다

**로마서 11장 36절** 이는 만물이 주에게서 나오고 주로 말미암고 주에게로 돌아감이라 그에게 영광이 세세에 있을지어다 아멘

**에베소서 1장 10절~11절** 하늘에 있는 것이나 땅에 있는 것이 다 그리스도 안에서 통일되게 하려 하심이라 모든 일을 그의 뜻의 결정대로 일하시는 이의 계획을 따라 우리가 예정을 입어 그 안에서 기업이 되었으니

2) **이사야 40장 26절** 너희는 눈을 높이 들어 누가 이 모든 것을 창조하였나 보라 주께서는 수효대로 만상을 이끌어 내시고 그들의 모든 이름을 부르시나니 그의 권세가 크고 그의 능력이 강하므로 하나도 빠짐이 없느니라

**요한계시록 4장 11절** 우리 주 하나님이여 영광과 존귀와 권능을 받으시는 것이 합당하오니 주께서 만물을 지으신지라 만물이 주의 뜻대로 있었고 또 지으심을 받았나이다 하더라

3) **다니엘 4장 35절** 땅의 모든 사람들을 없는 것 같이 여기시며 하늘의 군대에게든지 땅의 사람에게든지 그는 자기 뜻대로 행하시나니 그의 손을 금하든지 혹시 이르기를 네가 무엇을 하느냐고 할 자가 아무도 없도다

**에베소서 1장 11절** 모든 일을 그의 뜻의 결정대로 일하시는 이의 계획을 따라 우리가 예정을 입어 그 안에서 기업이 되었으니

## 제12문  창조의 일은 무엇인가?

**답**  창조의 일은 하나님께서 자신의 능력의 말씀으로[1] 엿새 동안[2] 아무것도 없는 것에서 모든 것을 아주 선하게[3] 창조하신 일이다.[4]

1) 히브리서 11장 3절 2) 출애굽기 20장 11절 3) 창세기 1장 31절 4) 창세기 1장 1절(참고. 골로새서1장 16절)

## 제13문  하나님께서는 사람을 어떻게 창조하셨는가?

**답**  하나님께서는 자신의 형상,[5] 즉 지식과[6] 의와[7] 거룩함을[8] 따라 사람을 남자와 여자로[9] 창조하시고[10] 피조물들을 다스리는 권한을[11] 부여하셨다.

5) 창세기 1장 27절 6) 골로새서 3장 10절 7) 전도서 7장 29절 8) 에베소서 4장 24절 9) 마태복음 19장 4절 10) 시편 8편 5절 11) 창세기 1장 26절, 28절

1) 히브리서 11장 3절 믿음으로 모든 세계가 하나님의 말씀으로 지어진 줄을 우리가 아나니 보이는 것은 나타난 것으로 말미암아 된 것이 아니니라

2) 출애굽기 20장 11절 이는 엿새 동안에 나 여호와가 하늘과 땅과 바다와 그 가운데 모든 것을 만들고 일곱째 날에 쉬었음이라 그러므로 나 여호와가 안식일을 복되게 하여 그 날을 거룩하게 하였느니라

3) 창세기 1장 31절 하나님이 지으신 그 모든 것을 보시니 보시기에 심히 좋았더라 저녁이 되고 아침이 되니 이는 여섯째 날이니라

4) 창세기 1장 1절 태초에 하나님이 천지를 창조하시니라

5) 창세기 1장 27절 하나님이 자기 형상 곧 하나님의 형상대로 사람을 창조하시되 남자와 여자를 창조하시고

6) 골로새서 3장 10절 새 사람을 입었으니 이는 자기를 창조하신 이의 형상을 따라 지식에까지 새롭게 하심을 입은 자니라

7) 전도서 7장 29절 내가 깨달은 것은 오직 이것이라 곧 하나님은 사람을 정직하게 지으셨으나 사람이 많은 꾀들을 낸 것이니라

8) 에베소서 4장 24절 하나님을 따라 의와 진리의 거룩함으로 지으심을 받은 새 사람을 입으라

9) 마태복음 19장 4절 예수께서 대답하여 이르시되 사람을 지으신 이가 본래 그들을 남자와 여자로 지으시고

10) 시편 8편 5절 그를 하나님보다 조금 못하게 하시고 영화와 존귀로 관을 씌우셨나이다

11) 창세기 1장 26절, 28절 하나님이 이르시되 우리의 형상을 따라 우리의 모양대로 우리가 사람을 만들고 그들로 바다의 물고기와 하늘의 새와 가축과 온 땅과 땅에 기는 모든 것을 다스리게 하자 하시고 $^{28}$하나님이 그들에게 복을 주시며 하나님이 그들에게 이르시되 생육하고 번성하여 땅에 충만하라, 땅을 정복하라, 바다의 물고기와 하늘의 새와 땅에 움직이는 모든 생물을 다스리라 하시니라

**제14문  하나님의 섭리는 무엇인가?**

**답**  하나님의 섭리는 모든 피조물과 그 모든 행동을[1] 가장 높은 거룩과[2] 최고의 지혜와[3] 가장 강한 힘으로 보존하시고 통치하시는 것이다. [4]

1) 시편 103편 19절, 마태복음 10장 29절~31절 2) 시편 145편 17절 3) 시편 104편 24절, 이사야 28장 29절 4) 히브리서 1장 3절, 골로새 1장 17절

**제15문  하나님께서는 사람이 하나님께 창조 받은 그 상태에 있을 때, 그 사람에게 어떤 특별한 섭리를 행하셨는가?**

**답**  하나님께서 사람을 창조하셨을 때, 완벽한 순종이라는 조건 위에[5] 사람과 생명의 언약을 맺으셨고, 사람에게 선과 악을 알게 하는 나무의 열매를 먹는 것을 금하셨고 어기면 사망의 형벌이 주어진다고 하셨다. [6]

5) 갈라디아서 3장 12절 6) 창세기 2장 16절~17절

벤자민 벧돔 신앙문답

1) **시편 103편 19절** 여호와께서 그의 보좌를 하늘에 세우시고 그의 왕권으로 만유를 다스리시도다

**마태복음 10장 29절~31절** 참새 두 마리가 한 앗사리온에 팔리지 않느냐 그러나 너희 아버지께서 허락하지 아니하시면 그 하나도 땅에 떨어지지 아니하리라 너희에게는 머리털까지 다 세신 바 되었나니 두려워하지 말라 너희는 많은 참새보다 귀하니라

2) **시편 145편 17절** 여호와께서는 그 모든 행위에 의로우시며 그 모든 일에 은혜로우시도다

3) **시편 104편 24절** 여호와여 주께서 하신 일이 어찌 그리 많은지요 주께서 지혜로 그들을 다 지으셨으니 주께서 지으신 것들이 땅에 가득하니이다

**이사야 28장 29절** 이도 만군의 여호와께로부터 난 것이라 그의 경영은 기묘하며 지혜는 광대하니라

4) **히브리서 1장 3절** 이는 하나님의 영광의 광채시요 그 본체의 형상이시라 그의 능력의 말씀으로 만물을 붙드시며 죄를 정결하게 하는 일을 하시고 높은 곳에 계신 지극히 크신 이의 우편에 앉으셨느니라

**골로새서 1장 17절** 또한 그가 만물보다 먼저 계시고 만물이 그 안에 함께 섰느니라

5) **갈라디아서 3장 12절** 율법은 믿음에서 난 것이 아니니 율법을 행하는 자는 그 가운데서 살리라 하였느니라

6) **창세기 2장 16절~17절** 여호와 하나님이 그 사람에게 명하여 이르시되 동산 각종 나무의 열매는 네가 임의로 먹되 선악을 알게 하는 나무의 열매는 먹지 말라 네가 먹는 날에는 반드시 죽으리라 하시니라

**제16문** **우리의 첫 조상은 창조 받은 그 상태를 계속 유지하였는가?**

**답** 우리의 첫 조상은 자신의 의지가 자유로운 상태에서 하나님을 대적하는 죄를 지음으로써[1] 창조 받은 그 상태에서 타락하였다.[2]

1) 전도서 7장 29절 2) 창세기 3장 6절~8절, 13절, 17절

**제17문** **죄는 무엇인가?**

**답** 죄는 하나님의 법에 일치하는 순종이 부족하거나 그 법을 어기는 것이다.[3]

3) 레위기 5장 17절, 야고보서 4장 17절, 요한1서 3장 4절

1) **전도서 7장 29절** 내가 깨달은 것은 오직 이것이라 곧 하나님은 사람을 정직하게 지으셨으나 사람이 많은 꾀들을 낸 것이니라

2) **창세기 3장 6절~8절, 13절, 17절** 여자가 그 나무를 본즉 먹음직도 하고 보암직도 하고 지혜롭게 할 만큼 탐스럽기도 한 나무인지라 여자가 그 열매를 따먹고 자기와 함께 있는 남편에게도 주매 그도 먹은지라 이에 그들의 눈이 밝아져 자기들이 벗은 줄을 알고 무화과나무 잎을 엮어 치마로 삼았더라 그들이 그 날 바람이 불 때 동산에 거니시는 여호와 하나님의 소리를 듣고 아담과 그의 아내가 여호와 하나님의 낯을 피하여 동산 나무 사이에 숨은지라 <sup>13</sup>여호와 하나님이 여자에게 이르시되 네가 어찌하여 이렇게 하였느냐 여자가 이르되 뱀이 나를 꾀므로 내가 먹었나이다 <sup>17</sup>아담에게 이르시되 네가 네 아내의 말을 듣고 내가 네게 먹지 말라 한 나무의 열매를 먹었은즉 땅은 너로 말미암아 저주를 받고 너는 네 평생에 수고하여야 그 소산을 먹으리라

3) **레위기 5장 17절** 만일 누구든지 여호와의 계명 중 하나를 부지중에 범하여도 허물이라 벌을 당할 것이니

**야고보서 4장 17절** 그러므로 사람이 선을 행할 줄 알고도 행하지 아니하면 죄니라

**요한1서 3장 4절** 죄를 짓는 자마다 불법을 행하나니 죄는 불법이라

**제18문** 우리의 첫 조상을 창조 받은 상태에서 타락시킨
죄는 무엇인가?

**답** 우리의 첫 조상을 창조 받은 상태에서 떨어지게
한 죄는 그 금지된 열매를 먹은 것이다.[1]

1) 창세기 3장 5절~6절, 창세기 3장 9절~13절

**제19문** 모든 사람은 아담의 첫 죄 안에서 타락하였는가?

**답** 아담과 맺은 언약은 자기 자신뿐만 아니라 자손
을 위한 언약이어서 일반출생으로 아담으로부터
나온 모든 사람은 아담 안에서 죄를 지었고 아담
의 첫 번째 죄에서 그와 함께 타락하였다.[2]

2) 창세기 2장 16절~17절, 로마서 5장 12절, 로마서 5장 18절~19절, 고
린도전서 15장 21절~22절

1) **창세기 3장 5절~6절** 너희가 그것을 먹는 날에는 너희 눈이 밝아져 하나님과 같이 되어 선악을 알 줄 하나님이 아심이니라 여자가 그 나무를 본즉 먹음직도 하고 보암직도 하고 지혜롭게 할 만큼 탐스럽기도 한 나무인지라 여자가 그 열매를 따먹고 자기와 함께 있는 남편에게도 주매 그도 먹은지라

**창세기 3장 9절~13절** 여호와 하나님이 아담을 부르시며 그에게 이르시되 네가 어디 있느냐 이르되 내가 동산에서 하나님의 소리를 듣고 내가 벗었으므로 두려워하여 숨었나이다 이르시되 누가 너의 벗었음을 네게 알렸느냐 내가 네게 먹지 말라 명한 그 나무 열매를 네가 먹었느냐 아담이 이르되 하나님이 주셔서 나와 함께 있게 하신 여자 그가 그 나무 열매를 내게 주므로 내가 먹었나이다 여호와 하나님이 여자에게 이르시되 네가 어찌하여 이렇게 하였느냐 여자가 이르되 뱀이 나를 꾀므로 내가 먹었나이다

2) **창세기 2장 16절~17절** 여호와 하나님이 그 사람에게 명하여 이르시되 동산 각종 나무의 열매는 네가 임의로 먹되 선악을 알게 하는 나무의 열매는 먹지 말라 네가 먹는 날에는 반드시 죽으리라 하시니라

**로마서 5장 12절** 그러므로 한 사람으로 말미암아 죄가 세상에 들어오고 죄로 말미암아 사망이 들어왔나니 이와 같이 모든 사람이 죄를 지었으므로 사망이 모든 사람에게 이르렀느니라

**로마서 5장 18절~19절** 그런즉 한 범죄로 많은 사람이 정죄에 이른 것 같이 한 의로운 행위로 말미암아 많은 사람이 의롭다 하심을 받아 생명에 이르렀느니라 한 사람이 순종하지 아니함으로 많은 사람이 죄인 된 것 같이 한 사람이 순종하심으로 많은 사람이 의인이 되리라

**고린도전서 15장 21절~22절** 사망이 한 사람으로 말미암았으니 죽은 자의 부활도 한 사람으로 말미암는도다 아담 안에서 모든 사람이 죽은 것 같이 그리스도 안에서 모든 사람이 삶을 얻으리라

**제20문  그 타락으로 인해 모든 사람은 어떤 상태로 떨어
졌는가?**

**답**  그 타락으로 모든 사람은 죄와 비참의 상태로 떨
어졌다.[1]

1) 창세기 3장 16~19절, 로마서 5장 12절

**제21문  사람이 타락하여 빠진 죄의 상태는 본질적으로 어
떤 상태인가?**

**답**  사람이 타락하여 빠진 죄의 상태는 본질적으로
아담의 첫 번째 죄책의[2] 상태이고, 원의가 결핍[3]
되어 있는 상태이고, 전인격적으로 타락한[4] 아담
과 같은 상태이다. 이는 일반적으로 원죄라고 불
린다. 또한 죄의 자리에 있는 사람은 그 원죄로부
터 비롯된 모든 실제적인 죄를[5] 짓고 있는 상태
이다.

2) 로마서 5장 19절 3) 전도서 7장 29절, 로마서 3장 10절 4) 시편 51편
5절, 에베소서 2장 1절~3절 5) 마태복음 15장 19절, 야고보서 1장 14절
~15절

1) **창세기 3장 16~19절** 또 여자에게 이르시되 내가 네게 임신하는 고통을 크게 더하리니 네가 수고하고 자식을 낳을 것이며 너는 남편을 원하고 남편은 너를 다스릴 것이니라 하시고 아담에게 이르시되 네가 네 아내의 말을 듣고 내가 네게 먹지 말라 한 나무의 열매를 먹었은즉 땅은 너로 말미암아 저주를 받고 너는 네 평생에 수고하여야 그 소산을 먹으리라 땅이 네게 가시덤불과 엉겅퀴를 낼 것이라 네가 먹을 것은 밭의 채소인즉 네가 흙으로 돌아갈 때까지 얼굴에 땀을 흘려야 먹을 것을 먹으리니 네가 그것에서 취함을 입었음이라 너는 흙이니 흙으로 돌아갈 것이니라 하시니라

**로마서 5장 12절** 그러므로 한 사람으로 말미암아 죄가 세상에 들어오고 죄로 말미암아 사망이 들어왔나니 이와 같이 모든 사람이 죄를 지었으므로 사망이 모든 사람에게 이르렀느니라

2) **로마서 5장 19절** 한 사람이 순종하지 아니함으로 많은 사람이 죄인 된 것 같이 한 사람이 순종하심으로 많은 사람이 의인이 되리라

3) **전도서 7장 29절** 내가 깨달은 것은 오직 이것이라 곧 하나님은 사람을 정직하게 지으셨으나 사람이 많은 꾀들을 낸 것이니라

**로마서 3장 10절** 기록된 바 의인은 없나니 하나도 없으며

4) **시편 51편 5절** 내가 죄악 중에서 출생하였음이여 어머니가 죄 중에서 나를 잉태하였나이다

**에베소서 2장 1절~3절** 그는 허물과 죄로 죽었던 너희를 살리셨도다 그 때에 너희는 그 가운데서 행하여 이 세상 풍조를 따르고 공중의 권세 잡은 자를 따랐으니 곧 지금 불순종의 아들들 가운데서 역사하는 영이라 전에는 우리도 다 그 가운데서 우리 육체의 욕심을 따라 지내며 육체와 마음의 원하는 것을 하여 다른 이들과 같이 본질상 진노의 자녀이었더니

5) **마태복음 15장 19절** 마음에서 나오는 것은 악한 생각과 살인과 간음과 음란과 도둑질과 거짓 증언과 비방이니

**야고보서 1장 14절~15절** 오직 각 사람이 시험을 받는 것은 자기 욕심에 끌려 미혹됨이니 욕심이 잉태한즉 죄를 낳고 죄가 장성한즉 사망을 낳느니라

**제22문** **사람이 타락하여 떨어진 비참한 상태는 본질적으로 어떤 상태인가?**

**답** 타락하여 모든 사람은 하나님과의 교제가 단절되고[1] 하나님의 진노와 저주의 지배아래 놓여 있어서,[2] 이생에서 모든 비참한 일을 겪고[3] 죽음에 이르고[4] 영원한 지옥의 고통들을 면치 못하는 상태에[5] 있다.

1)창세기 3장 8절, 10절, 24절, 에베소서 2장 12절, 에베소서 4장 18절 2) 갈라디아서 3장 10절, 에베소서 2장 2절~3절 3) 욥기 5장 7절, 전도서 2장 22절~23절 4) 예레미야 애가 3장 39절, 로마서 5장 12절 5) 마태복음 25장 41절, 46절, 로마서 6장 23절, 요한계시록 14장 10절~11절

**제23문** **하나님께서 죄와 비참의 상태에 있는 모든 인류를 멸망하도록 버려두셨는가?**

**답** 하나님께서는 자신의 선한 기쁨으로 영원 전부터 어떤 사람을 영원한 생명으로 선택하셔서[6] 은혜언약으로 들어가게 하셨고, 바로 그들을 그리스도로 인해 죄와 비참의 상태로부터 구원의 상태로 들어가도록 하셨다.[7]

6) 사도행전 13장 48절, 에베소서 1장 4절~5절, 데살로니가후서 2장 13절~14절 7) 로마서 3장 20절~22절, 로마서 5장 21절, 갈라디아서 3장 21절~22절

1) **창세기 3장 8절, 10절, 24절** 그들이 그 날 바람이 불 때 동산에 거니 시는 여호와 하나님의 소리를 듣고 아담과 그의 아내가 여호와 하나님의 낯을 피하여 동산 나무 사이에 숨은지라 $^{10}$이르되 내 가 동산에서 하나님의 소리를 듣고 내가 벗었으므로 두려워하 여 숨었나이다 $^{24}$이같이 하나님이 그 사람을 쫓아내시고 에덴 동산 동쪽에 그룹들과 두루 도는 불 칼을 두어 생명나무의 길 을 지키게 하시니라

   **에베소서 2장 12절** 그 때에 너희는 그리스도 밖에 있었고 이스라 엘 나라 밖의 사람이라 약속의 언약들에 대하여는 외인이요 세 상에서 소망이 없고 하나님도 없는 자이더니

   **에베소서 4장 18절** 그들의 총명이 어두워지고 그들 가운데 있는 무지함과 그들의 마음이 굳어짐으로 말미암아 하나님의 생명 에서 떠나 있도다

2) **갈라디아서 3장 10절** 무릇 율법 행위에 속한 자들은 저주 아래에 있나니 기록된 바 누구든지 율법 책에 기록된 대로 모든 일을 항상 행하지 아니하는 자는 저주 아래에 있는 자라 하였음이라

   **에베소서 2장 2절~3절** 그 때에 너희는 그 가운데서 행하여 이 세 상 풍조를 따르고 공중의 권세 잡은 자를 따랐으니 곧 지금 불 순종의 아들들 가운데서 역사하는 영이라 전에는 우리도 다 그 가운데서 우리 육체의 욕심을 따라 지내며 육체와 마음의 원하 는 것을 하여 다른 이들과 같이 본질상 진노의 자녀이었더니

3) **욥기 5장 7절** 사람은 고생을 위하여 났으니 불꽃이 위로 날아가 는 것 같으니라

   **전도서 2장 22절~23절** 사람이 해 아래에서 행하는 모든 수고와 마음에 애쓰는 것이 무슨 소득이 있으랴 일평생에 근심하며 수 고하는 것이 슬픔뿐이라 그의 마음이 밤에도 쉬지 못하나니 이 것도 헛되도다

4) **예레미야 애가 3장 39절** 살아 있는 사람은 자기 죄들 때문에 벌을 받나니 어찌 원망하랴

   **로마서 5장 12절** 그러므로 한 사람으로 말미암아 죄가 세상에 들

어오고 죄로 말미암아 사망이 들어왔나니 이와 같이 모든 사람이 죄를 지었으므로 사망이 모든 사람에게 이르렀느니라

5) **마태복음 25장 41절, 46절** 또 왼편에 있는 자들에게 이르시되 저주를 받은 자들아 나를 떠나 마귀와 그 사자들을 위하여 예비된 영원한 불에 들어가라 ⁴⁶그들은 영벌에, 의인들은 영생에 들어가리라 하시니라

**로마서 6장 23절** 죄의 삯은 사망이요 하나님의 은사는 그리스도 예수 우리 주 안에 있는 영생이니라

**요한계시록 14장 10절~11절** 그도 하나님의 진노의 포도주를 마시리니 그 진노의 잔에 섞인 것이 없이 부은 포도주라 거룩한 천사들 앞과 어린 양 앞에서 불과 유황으로 고난을 받으리니 그 고난의 연기가 세세토록 올라가리로다 짐승과 그의 우상에게 경배하고 그의 이름 표를 받는 자는 누구든지 밤낮 쉼을 얻지 못하리라 하더라

6) **사도행전 13장 48절** 이방인들이 듣고 기뻐하여 하나님의 말씀을 찬송하며 영생을 주시기로 작정된 자는 다 믿더라

**에베소서 1장 4절~5절** 곧 창세 전에 그리스도 안에서 우리를 택하사 우리로 사랑 안에서 그 앞에 거룩하고 흠이 없게 하시려고 그 기쁘신 뜻대로 우리를 예정하사 예수 그리스도로 말미암아 자기의 아들들이 되게 하셨으니

**데살로니가후서 2장 13절~14절** 주께서 사랑하시는 형제들아 우리가 항상 너희에 관하여 마땅히 하나님께 감사할 것은 하나님이 처음부터 너희를 택하사 성령의 거룩하게 하심과 진리를 믿음으로 구원을 받게 하심이니 이를 위하여 우리의 복음으로 너희를 부르사 우리 주 예수 그리스도의 영광을 얻게 하려 하심이니라

7) **로마서 3장 20절~22절** 그러므로 율법의 행위로 그의 앞에 의롭다 하심을 얻을 육체가 없나니 율법으로는 죄를 깨달음이니라 이제는 율법 외에 하나님의 한 의가 나타났으니 율법과 선지자들에게 증거를 받은 것이라 곧 예수 그리스도를 믿음으로 말미암

아 모든 믿는 자에게 미치는 하나님의 의니 차별이 없느니라

**로마서 5장 21절** 이는 죄가 사망 안에서 왕 노릇 한 것 같이 은혜
도 또한 의로 말미암아 왕 노릇 하여 우리 주 예수 그리스도로
말미암아 영생에 이르게 하려 함이라

**갈라디아서 3장 21절~22절** 그러면 율법이 하나님의 약속들과 반
대되는 것이냐 결코 그럴 수 없느니라 만일 능히 살게 하는 율
법을 주셨더라면 의가 반드시 율법으로 말미암았으리라 그러
나 성경이 모든 것을 죄 아래에 가두었으니 이는 예수 그리스
도를 믿음으로 말미암는 약속을 믿는 자들에게 주려 함이라

**제24문** 하나님께서 선택한 사람을 구원할 구속자는 누구신가?

**답** 하나님께서 선택한 사람들을 구원할 유일한 구속자는 주 예수 그리스도시다.[1] 그리스도께서는 하나님의 영원한 아들이시나[2] 사람이 되셨다.[3] 그렇기에 그리스도는 구분되는[4] 두 본성과 한 인격을 가지신 하나님이시자 사람이시고 영원히 그러하시다.[5]

1) 요한복음 14장 6절, 사도행전 4장 12절, 디모데전서 2장 5절~6절 2) 마태복음 3장 17절, 마태복음 17장 5절 3) 마태복음 1장 23절, 요한복음 1장 14절, 갈라디아서 4장 4절 4) 누가복음 1장 35절, 로마서 9장 5절, 골로새서 2장 9절, 디모데전서 3장 16절 5) 히브리서 7장 24절~25절

**제25문** 하나님의 아들이신 그리스도께서는 어떻게 사람이 되셨는가?

**답** 하나님의 아들이신 그리스도께서는 참 육신과[6] 온전한 영혼을[7] 취하심으로 사람이 되셨다. 거룩한 성령님의 능력으로 인해 동정녀 마리아에게 잉태되고 마리아에게서 나셨다.[8] 그러나 그리스도께는 죄가 없다.[9]

6) 히브리서 2장 14절 7) 마태복음 26장 38절, 히브리서 4장 15절 8) 누가복음 1장 27절, 31절, 35절, 42절, 갈라디아서 4장 4절 9) 고린도후서 5장 21절, 히브리서 4장 15절, 히브리서7장 26절, 요한1서 3장 5절

벤자민 벧돔 신앙문답

1) 요한복음 14장 6절 예수께서 이르시되 내가 곧 길이요 진리요 생명이니 나로 말미암지 않고는 아버지께로 올 자가 없느니라

사도행전 4장 12절 다른 이로써는 구원을 받을 수 없나니 천하 사람 중에 구원을 받을 만한 다른 이름을 우리에게 주신 일이 없음이라 하였더라

디모데전서 2장 5절~6절 하나님은 한 분이시요 또 하나님과 사람 사이에 중보자도 한 분이시니 곧 사람이신 그리스도 예수라 그가 모든 사람을 위하여 자기를 대속물로 주셨으니 기약이 이르러 주신 증거니라

2) 마태복음 3장 17절 하늘로부터 소리가 있어 말씀하시되 이는 내 사랑하는 아들이요 내 기뻐하는 자라 하시니라

마태복음 17장 5절 말할 때에 홀연히 빛난 구름이 그들을 덮으며 구름 속에서 소리가 나서 이르시되 이는 내 사랑하는 아들이요 내 기뻐하는 자니 너희는 그의 말을 들으라 하시는지라

3) 마태복음 1장 23절 보라 처녀가 잉태하여 아들을 낳을 것이요 그의 이름은 임마누엘이라 하리라 하셨으니 이를 번역한즉 하나님이 우리와 함께 계시다 함이라

요한복음 1장 14절 말씀이 육신이 되어 우리 가운데 거하시매 우리가 그의 영광을 보니 아버지의 독생자의 영광이요 은혜와 진리가 충만하더라

갈라디아서 4장 4절 때가 차매 하나님이 그 아들을 보내사 여자에게서 나게 하시고 율법 아래에 나게 하신 것은

4) 누가복음 1장 35절 천사가 대답하여 이르되 성령이 네게 임하시고 지극히 높으신 이의 능력이 너를 덮으시리니 이러므로 나실 바 거룩한 이는 하나님의 아들이라 일컬어지리라

로마서 9장 5절 조상들도 그들의 것이요 육신으로 하면 그리스도가 그들에게서 나셨으니 그는 만물 위에 계셔서 세세에 찬양을 받으실 하나님이시니라 아멘

골로새서 2장 9절 그 안에는 신성의 모든 충만이 육체로 거하시고

디모데전서 3장 16절 크도다 경건의 비밀이여, 그렇지 않다 하는 이 없도다 그는 육신으로 나타난 바 되시고 영으로 의롭다 하심을 받으시고 천사들에게 보이시고 만국에서 전파되시고 세상에서 믿은 바 되시고 영광 가운데서 올려지셨느니라

5) 히브리서 7장 24절~25절 예수는 영원히 계시므로 그 제사장 직분도 갈리지 아니하느니라 그러므로 자기를 힘입어 하나님께 나아가는 자들을 온전히 구원하실 수 있으니 이는 그가 항상 살아 계셔서 그들을 위하여 간구하심이라

6) 히브리서 2장 14절 자녀들은 혈과 육에 속하였으매 그도 또한 같은 모양으로 혈과 육을 함께 지니심은 죽음을 통하여 죽음의 세력을 잡은 자 곧 마귀를 멸하시며

7) 마태복음 26장 38절 이에 말씀하시되 내 마음이 매우 고민하여 죽게 되었으니 너희는 여기 머물러 나와 함께 깨어 있으라 하시고

히브리서 4장 15절 우리에게 있는 대제사장은 우리의 연약함을 동정하지 못하실 이가 아니요 모든 일에 우리와 똑같이 시험을 받으신 이로되 죄는 없으시니라

8) 누가복음 1장 27절, 31절, 35절, 42절 다윗의 자손 요셉이라 하는 사람과 약혼한 처녀에게 이르니 그 처녀의 이름은 마리아라 ³¹보라 네가 잉태하여 아들을 낳으리니 그 이름을 예수라 하라 ³⁵천사가 대답하여 이르되 성령이 네게 임하시고 지극히 높으신 이의 능력이 너를 덮으시리니 이러므로 나실 바 거룩한 이는 하나님의 아들이라 일컬어지리라 ⁴²큰 소리로 불러 이르되 여자 중에 네가 복이 있으며 네 태중의 아이도 복이 있도다

갈라디아서 4장 4절 때가 차매 하나님이 그 아들을 보내사 여자에게서 나게 하시고 율법 아래에 나게 하신 것은

9) 고린도후서 5장 21절 하나님이 죄를 알지도 못하신 이를 우리를 대신하여 죄로 삼으신 것은 우리로 하여금 그 안에서 하나님의 의가 되게 하려 하심이라

히브리서 4장 15절 우리에게 있는 대제사장은 우리의 연약함을

38

동정하지 못하실 이가 아니요 모든 일에 우리와 똑같이 시험을
받으신 이로되 죄는 없으시니라

**히브리서 7장 26절** 이러한 대제사장은 우리에게 합당하니 거룩
하고 악이 없고 더러움이 없고 죄인에게서 떠나 계시고 하늘보
다 높이 되신 이라

**요한1서 3장 5절** 그가 우리 죄를 없애려고 나타나신 것을 너희가
아나니 그에게는 죄가 없느니라

**제26문**  우리 구속자로서 그리스도께서는 어떤 직분들을 수행하시는가?

**답**  우리 구속자로서 그리스도께서는 두 상태, 비천한 상태와 존귀한 상태에서 선지자,[1] 제사장,[2] 왕[3]의 직분을 수행하신다.

1) 사도행전 3장 22절 2) 히브리서 5장 5절~7절(참고. 히브리서 7장 25절)
3) 시편 2편 6절, 이사야 9장 6절~7절, 마태복음 21장 5절


**제27문**  그리스도께서는 선지자 직분을 어떻게 수행하시는가?

**답**  그리스도께서는 선지자 직분을 자신의 말씀과[4] 성령님으로[5] 우리의 구원에 대한 하나님의 뜻을 우리에게 계시하시는 방식으로[6] 수행하신다.

4) 요한복음 1장 18절  5) 요한복음 20장 31절  6) 요한복음 14장 26절

1) **사도행전 3장 22절** 모세가 말하되 주 하나님이 너희를 위하여 너희 형제 가운데서 나 같은 선지자 하나를 세울 것이니 너희가 무엇이든지 그의 모든 말을 들을 것이라

2) **히브리서 5장 5절~7절** 또한 이와 같이 그리스도께서 대제사장 되심도 스스로 영광을 취하심이 아니요 오직 말씀하신 이가 그에게 이르시되 너는 내 아들이니 내가 오늘 너를 낳았다 하셨고 또한 이와 같이 다른 데서 말씀하시되 네가 영원히 멜기세덱의 반차를 따르는 제사장이라 하셨으니 그는 육체에 계실 때에 자기를 죽음에서 능히 구원하실 이에게 심한 통곡과 눈물로 간구와 소원을 올렸고 그의 경건하심으로 말미암아 들으심을 얻었느니라

3) **시편 2편 6절** 내가 나의 왕을 내 거룩한 산 시온에 세웠다 하시리로다

**이사야 9장 6절~7절** 이는 한 아기가 우리에게 났고 한 아들을 우리에게 주신 바 되었는데 그의 어깨에는 정사를 메었고 그의 이름은 기묘자라, 모사라, 전능하신 하나님이라, 영존하시는 아버지라, 평강의 왕이라 할 것임이라 그 정사와 평강의 더함이 무궁하며 또 다윗의 왕좌와 그의 나라에 군림하여 그 나라를 굳게 세우고 지금 이후로 영원히 정의와 공의로 그것을 보존 하실 것이라 만군의 여호와의 열심이 이를 이루시리라

**마태복음 21장 5절** 시온 딸에게 이르기를 네 왕이 네게 임하나니 그는 겸손하여 나귀, 곧 멍에 메는 짐승의 새끼를 탔도다 하라 하였느니라

4) **요한복음 1장 18절** 본래 하나님을 본 사람이 없으되 아버지 품 속에 있는 독생하신 하나님이 나타내셨느니라

5) **요한복음 20장 31절** 오직 이것을 기록함은 너희로 예수께서 하나님의 아들 그리스도이심을 믿게 하려 함이요 또 너희로 믿고 그 이름을 힘입어 생명을 얻게 하려 함이니라

6) **요한복음 14장 26절** 보혜사 곧 아버지께서 내 이름으로 보내실 성령 그가 너희에게 모든 것을 가르치고 내가 너희에게 말한 모든 것을 생각나게 하리라

**제28문** 그리스도께서는 제사장 직분을 어떻게 수행하시는가?

**답** 그리스도께서는 자기 자신을 희생 제물로 단번에 드려 제사장 직분을 수행하셔서 하나님의 공의를 만족시키시고[1] 우리를 하나님과 화목케 하시고[2] 우리를 위해 지속적으로 중보하심으로도[3] 그 직분을 수행하신다.

1) 히브리서 9장 14절, 28절 2) 로마서 5장 10절, 히브리서 2장 17절 3) 히브리서 7장 24절~25절

**제29문** 그리스도께서는 왕의 직분을 어떻게 수행하시는가?

**답** 그리스도께서는 우리를 자기 자신에게 복종시키시고[4] 통치하시고[5] 우리를 지키시고[6] 자신과 우리의 모든 적을 억제하시고 정복하심으로[7] 왕의 직분을 수행하신다.

4) 시편 110편 1절~7절, 사도행전 15장 14절~16절 5) 이사야 33장 22절, 에베소서 1장 22절, 마태복음 2장 6절, 에베소서 4장 11절~12절 6) 이사야 32장 1절~2절, 이사야 33장 22절, 마태복음16장 18절, 마태복음 28장 18절~20절 7) 고린도전서 15장 25절, 데살로니가후서 1장 8절~9절

1) **히브리서 9장 14절, 28절** 하물며 영원하신 성령으로 말미암아 흠 없는 자기를 하나님께 드린 그리스도의 피가 어찌 너희 양심을 죽은 행실에서 깨끗하게 하고 살아 계신 하나님을 섬기게 하지 못하겠느냐 [28]이와 같이 그리스도도 많은 사람의 죄를 담당하시려고 단번에 드리신 바 되셨고 구원에 이르게 하기 위하여 죄와 상관 없이 자기를 바라는 자들에게 두 번째 나타나시리라

2) **로마서 5장 10절** 곧 우리가 원수 되었을 때에 그의 아들의 죽으심으로 말미암아 하나님과 화목하게 되었은즉 화목하게 된 자로서는 더욱 그의 살아나심으로 말미암아 구원을 받을 것이니라

   **히브리서 2장 17절** 그러므로 그가 범사에 형제들과 같이 되심이 마땅하도다 이는 하나님의 일에 자비하고 신실한 대제사장이 되어 백성의 죄를 속량하려 하심이라

3) **히브리서 7장 24절~25절** 예수는 영원히 계시므로 그 제사장 직분도 갈리지 아니하느니라 그러므로 자기를 힘입어 하나님께 나아가는 자들을 온전히 구원하실 수 있으니 이는 그가 항상 살아 계셔서 그들을 위하여 간구하심이라

4) **시편 110편 1절~7절** 여호와께서 내 주에게 말씀하시기를 내가 네 원수들로 네 발판이 되게 하기까지 너는 내 오른쪽에 앉아 있으라 하셨도다 여호와께서 시온에서부터 주의 권능의 규를 내보내시리니 주는 원수들 중에서 다스리소서 주의 권능의 날에 주의 백성이 거룩한 옷을 입고 즐거이 헌신하니 새벽 이슬 같은 주의 청년들이 주께 나오는도다 여호와는 맹세하고 변하지 아니하시리라 이르시기를 너는 멜기세덱의 서열을 따라 영원한 제사장이라 하셨도다 주의 오른쪽에 계신 주께서 그의 노하시는 날에 왕들을 쳐서 깨뜨리실 것이라 뭇 나라를 심판하여 시체로 가득하게 하시고 여러 나라의 머리를 쳐서 깨뜨리시며 길 가의 시냇물을 마시므로 그의 머리를 드시리로다

   **사도행전 15장 14절~16절** 하나님이 처음으로 이방인 중에서 자기 이름을 위할 백성을 취하시려고 그들을 돌보신 것을 시므온이 말하였으니 선지자들의 말씀이 이와 일치하도다 기록된 바 이후에 내가 돌아와서 다윗의 무너진 장막을 다시 지으며 또 그

허물어진 것을 다시 지어 일으키리니

5) **이사야 33장 22절** 대저 여호와는 우리 재판장이시요 여호와는 우리에게 율법을 세우신 이요 여호와는 우리의 왕이시니 그가 우리를 구원하실 것임이라

**에베소서 1장 22절** 또 만물을 그의 발 아래에 복종하게 하시고 그를 만물 위에 교회의 머리로 삼으셨느니라

**마태복음 2장 6절** 또 유대 땅 베들레헴아 너는 유대 고을 중에서 가장 작지 아니하도다 네게서 한 다스리는 자가 나와서 내 백성 이스라엘의 목자가 되리라 하였음이니이다

**에베소서 4장 11절~12절** 그가 어떤 사람은 사도로, 어떤 사람은 선지자로, 어떤 사람은 복음 전하는 자로, 어떤 사람은 목사와 교사로 삼으셨으니 이는 성도를 온전하게 하여 봉사의 일을 하게 하며 그리스도의 몸을 세우려 하심이라

6) **이사야 32장 1절~2절** 보라 장차 한 왕이 공의로 통치할 것이요 방백들이 정의로 다스릴 것이며 또 그 사람은 광풍을 피하는 곳, 폭우를 가리는 곳 같을 것이며 마른 땅에 냇물 같을 것이며 곤비한 땅에 큰 바위 그늘 같으리니

**이사야 33장 22절** 대저 여호와는 우리 재판장이시요 여호와는 우리에게 율법을 세우신 이요 여호와는 우리의 왕이시니 그가 우리를 구원하실 것임이라

**마태복음 16장 18절** 또 내가 네게 이르노니 너는 베드로라 내가 이 반석 위에 내 교회를 세우리니 음부의 권세가 이기지 못하리라

**마태복음 28장 18절~20절** 예수께서 나아와 말씀하여 이르시되 하늘과 땅의 모든 권세를 내게 주셨으니 그러므로 너희는 가서 모든 민족을 제자로 삼아 아버지와 아들과 성령의 이름으로 침례를 베풀고 내가 너희에게 분부한 모든 것을 가르쳐 지키게 하라 볼지어다 내가 세상 끝날까지 너희와 항상 함께 있으리라 하시니라

7) 고린도전서 15장 25절 그가 모든 원수를 그 발 아래에 둘 때까지 반드시 왕 노릇 하시리니

데살로니가후서 1장 8절~9절 하나님을 모르는 자들과 우리 주 예수의 복음에 복종하지 않는 자들에게 형벌을 내리시리니 이런 자들은 주의 얼굴과 그의 힘의 영광을 떠나 영원한 멸망의 형벌을 받으리로다

**제30문  그리스도의 낮아지심의 본질은 무엇인가?**

**답**  그리스도의 낮아지심의 본질은 태어나심에 있다. 그리스도께서는 가난한 형편에 태어나셨다.[1] 그리스도의 낮아지심은 율법의 영향 아래[2] 있다는 것과 이생의 비참한 일들을[3] 겪으셨다는 것과 하나님의 진노와[4] 십자가의 저주의 죽음아래 계셨다는 것에 있다.[5] 그리고 그리스도의 낮아지심은 무덤에 계셨다는 것과[6] 일정 시간 동안 죽음의 권세 아래 계셨다는 것에 있다.[7]

1) 누가복음 2장 7절, 고린도후서 8장 9절 2) 갈라디아서 4장 4절 3) 이사야 53장 2절~3절, 히브리서 12장 2절~3절  4) 마태복음 27장 46절, 누가복음 22장 44절 5) 빌립보서 2장 8절 6) 고린도전서 15장 3절~4절 7) 마태복음 12장 40절, 사도행전 2장 24절~27절, 31절

**제31문  그리스도의 높아지심의 본질은 무엇인가?**

**답**  그리스도의 높아지심의 본질은 그 삼일 날 죽음으로부터 다시 살아나시고[8] 하늘로 올라가신 것과[9] 성부 하나님의 오른편에 앉으시고[10] 마지막 날 세상을 심판하시려고 오심에 있다.[11]

8) 고린도전서 15장 4절, 누가복음 24장 44절~46절 9) 마가복음 16장 19절, 사도행전 1장 9절~11절 10) 에베소서 1장 20절~21절, 시편 110편 1절 11) 사도행전 17장 31절

1) **누가복음 2장 7절** 첫아들을 낳아 강보로 싸서 구유에 뉘었으니 이는 여관에 있을 곳이 없음이러라

　**고린도후서 8장 9절** 우리 주 예수 그리스도의 은혜를 너희가 알거니와 부요하신 이로서 너희를 위하여 가난하게 되심은 그의 가난함으로 말미암아 너희를 부요하게 하려 하심이라

2) **갈라디아서 4장 4절** 때가 차매 하나님이 그 아들을 보내사 여자에게서 나게 하시고 율법 아래에 나게 하신 것은

3) **이사야 53장 2절~3절** 그는 주 앞에서 자라나기를 연한 순 같고 마른 땅에서 나온 뿌리 같아서 고운 모양도 없고 풍채도 없은즉 우리가 보기에 흠모할 만한 아름다운 것이 없도다 그는 멸시를 받아 사람들에게 버림 받았으며 간고를 많이 겪었으며 질고를 아는 자라 마치 사람들이 그에게서 얼굴을 가리는 것 같이 멸시를 당하였고 우리도 그를 귀히 여기지 아니하였도다

　**히브리서 12장 2절~3절** 믿음의 주요 또 온전하게 하시는 이인 예수를 바라보자 그는 그 앞에 있는 기쁨을 위하여 십자가를 참으사 부끄러움을 개의치 아니하시더니 하나님 보좌 우편에 앉으셨느니라 너희가 피곤하여 낙심하지 않기 위하여 죄인들이 이같이 자기에게 거역한 일을 참으신 이를 생각하라

4) **마태복음 27장 46절** 제구시쯤에 예수께서 크게 소리 질러 이르시되 엘리 엘리 라마 사박다니 하시니 이는 곧 나의 하나님, 나의 하나님, 어찌하여 나를 버리셨나이까 하는 뜻이라

　**누가복음 22장 44절** 예수께서 힘쓰고 애써 더욱 간절히 기도하시니 땀이 땅에 떨어지는 핏방울 같이 되더라

5) **빌립보서 2장 8절** 사람의 모양으로 나타나사 자기를 낮추시고 죽기까지 복종하셨으니 곧 십자가에 죽으심이라

6) **고린도전서 15장 3절~4절** 내가 받은 것을 먼저 너희에게 전하였노니 이는 성경대로 그리스도께서 우리 죄를 위하여 죽으시고 장사 지낸 바 되셨다가 성경대로 사흘 만에 다시 살아나사

7) **마태복음 12장 40절** 요나가 밤낮 사흘 동안 큰 물고기 뱃속에 있

었던 것 같이 인자도 밤낮 사흘 동안 땅 속에 있으리라

**사도행전 2장 24절~27절, 31절** 하나님께서 그를 사망의 고통에서 풀어 살리셨으니 이는 그가 사망에 매여 있을 수 없었음이라 다윗이 그를 가리켜 이르되 내가 항상 내 앞에 계신 주를 뵈었음이여 나로 요동하지 않게 하기 위하여 그가 내 우편에 계시도다 그러므로 내 마음이 기뻐하였고 내 혀도 즐거워하였으며 육체도 희망에 거하리니 이는 내 영혼을 음부에 버리지 아니하시며 주의 거룩한 자로 썩음을 당하지 않게 하실 것임이로다 ³¹미리 본 고로 그리스도의 부활을 말하되 그가 음부에 버림이 되지 않고 그의 육신이 썩음을 당하지 아니하시리라 하더니

8) **고린도전서 15장 4절** 장사 지낸 바 되셨다가 성경대로 사흘 만에 다시 살아나사

**누가복음 24장 44절~46절** 또 이르시되 내가 너희와 함께 있을 때에 너희에게 말한 바 곧 모세의 율법과 선지자의 글과 시편에 나를 가리켜 기록된 모든 것이 이루어져야 하리라 한 말이 이것이라 하시고 이에 그들의 마음을 열어 성경을 깨닫게 하시고 또 이르시되 이같이 그리스도가 고난을 받고 제삼일에 죽은 자 가운데서 살아날 것과

9) **마가복음 16장 19절** 주 예수께서 말씀을 마치신 후에 하늘로 올려지사 하나님 우편에 앉으시니라

**사도행전 1장 9절~11절** 이 말씀을 마치시고 그들이 보는데 올려져 가시니 구름이 그를 가리어 보이지 않게 하더라 올라가실 때에 제자들이 자세히 하늘을 쳐다보고 있는데 흰 옷 입은 두 사람이 그들 곁에 서서 이르되 갈릴리 사람들아 어찌하여 서서 하늘을 쳐다보느냐 너희 가운데서 하늘로 올려지신 이 예수는 하늘로 가심을 본 그대로 오시리라 하였느니라

10) **에베소서 1장 20절~21절** 그의 능력이 그리스도 안에서 역사하사 죽은 자들 가운데서 다시 살리시고 하늘에서 자기의 오른편에 앉히사 모든 통치와 권세와 능력과 주권과 이 세상뿐 아니라 오는 세상에 일컫는 모든 이름 위에 뛰어나게 하시고

**시편 110편 1절** 여호와께서 내 주에게 말씀하시기를 내가 네 원수들로 네 발판이 되게 하기까지 너는 내 오른쪽에 앉아 있으라 하셨도다

11) **사도행전 17장 31절** 이는 정하신 사람으로 하여금 천하를 공의로 심판할 날을 작정하시고 이에 그를 죽은 자 가운데서 다시 살리신 것으로 모든 사람에게 믿을 만한 증거를 주셨음이니라 하니라

**제32문** 어떻게 우리는 그리스도께서 값 주고 사신 구원에 참여하는 사람이 되는가?

**답** 성령님께서[1] 우리에게 구원을 효과적으로 적용시켜주심으로 인해 우리는 그리스도께서 값 주고 사신 구원에 참여하는 사람이 된다.[2]

1) 디도서 3장 5절~6절 2) 요한복음 1장 11절~12절

**제33문** 성령님께서는 그리스도께서 값 주고 사신 구원을 어떻게 우리에게 적용하시는가?

**답** 성령님께서는 효과적인 부르심으로[3] 우리 안에 믿음이 발휘되게 하시고[4] 그 믿음으로 우리와 그리스도를 연합시키셔서, 그리스도께서 값 주고 사신 구원을 우리에게 적용시키신다.

3) 요한복음 6장 37절, 39절, 에베소서 2장 8절, 빌립보서 1장 29절  4) 요한복음 6장44절, 고린도전서 1장 9절, 에베소서 3장 17절

1) 디도서 3장 5절~6절 우리를 구원하시되 우리가 행한 바 의로운 행위로 말미암지 아니하고 오직 그의 긍휼하심을 따라 중생의 씻음과 성령의 새롭게 하심으로 하셨나니 우리 구주 예수 그리스도로 말미암아 우리에게 그 성령을 풍성히 부어 주사

2) 요한복음 1장 11절~12절 자기 땅에 오매 자기 백성이 영접하지 아니하였으나 영접하는 자 곧 그 이름을 믿는 자들에게는 하나님의 자녀가 되는 권세를 주셨으니

3) 요한복음 6장 37절, 39절 아버지께서 내게 주시는 자는 다 내게로 올 것이요 내게 오는 자는 내가 결코 내쫓지 아니하리라 39나를 보내신 이의 뜻은 내게 주신 자 중에 내가 하나도 잃어버리지 아니하고 마지막 날에 다시 살리는 이것이니라

에베소서 2장 8절 너희는 그 은혜에 의하여 믿음으로 말미암아 구원을 받았으니 이것은 너희에게서 난 것이 아니요 하나님의 선물이라

빌립보서 1장 29절 그리스도를 위하여 너희에게 은혜를 주신 것은 다만 그를 믿을 뿐 아니라 또한 그를 위하여 고난도 받게 하려 하심이라

4) 요한복음 6장 44절 나를 보내신 아버지께서 이끌지 아니하시면 아무도 내게 올 수 없으니 오는 그를 내가 마지막 날에 다시 살리리라

고린도전서 1장 9절 너희를 불러 그의 아들 예수 그리스도 우리 주와 더불어 교제하게 하시는 하나님은 미쁘시도다

에베소서 3장 17절 믿음으로 말미암아 그리스도께서 너희 마음에 계시게 하시옵고 너희가 사랑 가운데서 뿌리가 박히고 터가 굳어져서

**제34문  효과적인 부르심은 무엇인가?**

답  효과적인 부르심은 성령님의 사역이다.[1] 이 부르심으로 성령님께서는[2] 우리의 죄와 비참함을 깨닫게 하시고[3] 그리스도를 아는 지식으로 우리 마음에 빛을 비추시고[4] 우리의 뜻을 새롭게 하셔서,[5] 복음 안에서 우리에게 값없이 내어주신 예수 그리스도를[6] 우리가 받아들이도록 설득하시고 받아들일 수 있는 능력을 주신다.[7]

1) 디모데후서 1장 8절~9절 2) 로마서 8장 29절~30절, 고린도전서 1장 9절 3) 사도행전 2장 37절, 요한복음 16장 8절~11절 4) 사도행전 26장 18절, 마태복음 16장 16절~17절 5) 에스겔 36장 26절~27절 6) 신명기 30장 6절, 마태복음 11장 25절~28절, 빌립보서 2장 13절 7) 요한복음 6장 44절~45절

**제35문  효과적인 부르심을 받은 사람들은 인생에서 어떤 유익들에 참여하는가?**

답  효과적인 부르심을 받은 사람들은 인생에서 칭의,[8] 양자,[9] 성화에 참여하고 그것들로부터 발생하고 흘러나오는 여러 유익에 참여한다.[10]

8) 로마서 8장 30절 9) 에베소서 1장 5절 10) 고린도전서 1장 26절, 30절, 고린도전서 6장 11절

1) **디모데후서 1장 8절~9절** 그러므로 너는 내가 우리 주를 증언함과 또는 주를 위하여 갇힌 자 된 나를 부끄러워하지 말고 오직 하나님의 능력을 따라 복음과 함께 고난을 받으라 하나님이 우리를 구원하사 거룩하신 소명으로 부르심은 우리의 행위대로 하심이 아니요 오직 자기의 뜻과 영원 전부터 그리스도 예수 안에서 우리에게 주신 은혜대로 하심이라

2) **로마서 8장 29절~30절** 하나님이 미리 아신 자들을 또한 그 아들의 형상을 본받게 하기 위하여 미리 정하셨으니 이는 그로 많은 형제 중에서 맏아들이 되게 하려 하심이니라 또 미리 정하신 그들을 또한 부르시고 부르신 그들을 또한 의롭다 하시고 의롭다 하신 그들을 또한 영화롭게 하셨느니라

   **고린도전서 1장 9절** 너희를 불러 그의 아들 예수 그리스도 우리 주와 더불어 교제하게 하시는 하나님은 미쁘시도다

3) **사도행전 2장 37절** 그들이 이 말을 듣고 마음에 찔려 베드로와 다른 사도들에게 물어 이르되 형제들아 우리가 어찌할꼬 하거늘

   **요한복음 16장 8절~11절** 그가 와서 죄에 대하여, 의에 대하여, 심판에 대하여 세상을 책망하시리라 죄에 대하여라 함은 그들이 나를 믿지 아니함이요 의에 대하여라 함은 내가 아버지께로 가니 너희가 다시 나를 보지 못함이요 심판에 대하여라 함은 이 세상 임금이 심판을 받았음이라

4) **사도행전 26장 18절** 그 눈을 뜨게 하여 어둠에서 빛으로, 사탄의 권세에서 하나님께로 돌아오게 하고 죄 사함과 나를 믿어 거룩하게 된 무리 가운데서 기업을 얻게 하리라 하더이다

   **마태복음 16장 16절~17절** 시몬 베드로가 대답하여 이르되 주는 그리스도시요 살아 계신 하나님의 아들이시니이다 예수께서 대답하여 이르시되 바요나 시몬아 네가 복이 있도다 이를 네게 알게 한 이는 혈육이 아니요 하늘에 계신 내 아버지시니라

5) **에스겔 36장 26절~27절** 또 새 영을 너희 속에 두고 새 마음을 너희에게 주되 너희 육신에서 굳은 마음을 제거하고 부드러운 마음을 줄 것이며 또 내 영을 너희 속에 두어 너희로 내 율례를 행하

게 하리니 너희가 내 규례를 지켜 행할지라

6) **신명기 30장 6절** 네 하나님 여호와께서 네 마음과 네 자손의 마음에 할례를 베푸사 너로 마음을 다하며 뜻을 다하여 네 하나님 여호와를 사랑하게 하사 너로 생명을 얻게 하실 것이며

**마태복음 11장 25절~28절** 그 때에 예수께서 대답하여 이르시되 천지의 주재이신 아버지여 이것을 지혜롭고 슬기 있는 자들에게는 숨기시고 어린 아이들에게는 나타내심을 감사하나이다 옳소이다 이렇게 된 것이 아버지의 뜻이니이다 내 아버지께서 모든 것을 내게 주셨으니 아버지 외에는 아들을 아는 자가 없고 아들과 또 아들의 소원대로 계시를 받는 자 외에는 아버지를 아는 자가 없느니라 수고하고 무거운 짐 진 자들아 다 내게로 오라 내가 너희를 쉬게 하리라

**빌립보서 2장 13절** 너희 안에서 행하시는 이는 하나님이시니 자기의 기쁘신 뜻을 위하여 너희에게 소원을 두고 행하게 하시나니

7) **요한복음 6장 44절~45절** 나를 보내신 아버지께서 이끌지 아니하시면 아무도 내게 올 수 없으니 오는 그를 내가 마지막 날에 다시 살리리라 선지자의 글에 그들이 다 하나님의 가르치심을 받으리라 기록되었은즉 아버지께 듣고 배운 사람마다 내게로 오느니라

8) **로마서 8장 30절** 또 미리 정하신 그들을 또한 부르시고 부르신 그들을 또한 의롭다 하시고 의롭다 하신 그들을 또한 영화롭게 하셨느니라

9) **에베소서 1장 5절** 그 기쁘신 뜻대로 우리를 예정하사 예수 그리스도로 말미암아 자기의 아들들이 되게 하셨으니

10) **고린도전서 1장 26절, 30절** 형제들아 너희를 부르심을 보라 육체를 따라 지혜로운 자가 많지 아니하며 능한 자가 많지 아니하며 문벌 좋은 자가 많지 아니하도다 [30]너희는 하나님으로부터 나서 그리스도 예수 안에 있고 예수는 하나님으로부터 나와서 우리에게 지혜와 의로움과 거룩함과 구원함이 되셨으니

**고린도전서 6장 11절** 너희 중에 이와 같은 자들이 있더니 주 예수 그리스도의 이름과 우리 하나님의 성령 안에서 씻음과 거룩함과 의롭다 하심을 받았느니라

## 제36문  칭의는 무엇인가?

**답**  칭의는 하나님의 자유롭고 은혜로운 행위이다.[1] 하나님께서는 칭의로 우리의 모든 죄들을 용서하시고[2] 우리를 자신이 보시기에 의로운 자로 받아주시는 것이다.[3] 이는 그리스도의 의가 우리에게 전가되고[4] 우리는 그 의를 오직 믿음으로 받는다.[5]

1) 로마서 3장 24절~25절 2) 로마서 3장 24절(참고. 로마서 4장 6절~8절, 에베소서 1장 7절) 3) 고린도후서 5장 21절(참고. 고린도후서 5장 19절) 4) 로마서 5장 17절~19절 5) 갈라디아서 2장 16절, 빌립보서 3장 9절

## 제37문  양자는 무엇인가?

**답**  양자는 하나님의 자유로운 단 한 번의 은혜로운 행위이다.[6] 양자로 인해 우리는 하나님의 자녀로 받아들여지고 하나님의 자녀가 가지는 모든 특권에 대한 권리를 진다.[7]

6) 요한1서 3장 1절 7) 요한복음 1장 12절(참고. 로마서 8장 16절~17절)

1) **로마서 3장 24절~25절** 그리스도 예수 안에 있는 속량으로 말미암아 하나님의 은혜로 값 없이 의롭다 하심을 얻은 자 되었느니라 이 예수를 하나님이 그의 피로써 믿음으로 말미암는 화목제물로 세우셨으니 이는 하나님께서 길이 참으시는 중에 전에 지은 죄를 간과하심으로 자기의 의로우심을 나타내려 하심이니

2) **로마서 3장 24절** 그리스도 예수 안에 있는 속량으로 말미암아 하나님의 은혜로 값 없이 의롭다 하심을 얻은 자 되었느니라

3) **고린도후서 5장 21절** 하나님이 죄를 알지도 못하신 이를 우리를 대신하여 죄로 삼으신 것은 우리로 하여금 그 안에서 하나님의 의가 되게 하려 하심이라

4) **로마서 5장 17절~19절** 한 사람의 범죄로 말미암아 사망이 그 한 사람을 통하여 왕 노릇 하였은즉 더욱 은혜와 의의 선물을 넘치게 받는 자들은 한 분 예수 그리스도를 통하여 생명 안에서 왕 노릇 하리로다 그런즉 한 범죄로 많은 사람이 정죄에 이른 것 같이 한 의로운 행위로 말미암아 많은 사람이 의롭다 하심을 받아 생명에 이르렀느니라 한 사람이 순종하지 아니함으로 많은 사람이 죄인 된 것 같이 한 사람이 순종하심으로 많은 사람이 의인이 되리라

5) **갈라디아서 2장 16절** 사람이 의롭게 되는 것은 율법의 행위로 말미암음이 아니요 오직 예수 그리스도를 믿음으로 말미암는 줄 알므로 우리도 그리스도 예수를 믿나니 이는 우리가 율법의 행위로써가 아니고 그리스도를 믿음으로써 의롭다 함을 얻으려 함이라 율법의 행위로써는 의롭다 함을 얻을 육체가 없느니라

**빌립보서 3장 9절** 그 안에서 발견되려 함이니 내가 가진 의는 율법에서 난 것이 아니요 오직 그리스도를 믿음으로 말미암은 것이니 곧 믿음으로 하나님께로부터 난 의라

6) **요한1서 3장 1절** 보라 아버지께서 어떠한 사랑을 우리에게 베푸사 하나님의 자녀라 일컬음을 받게 하셨는가, 우리가 그러하도다 그러므로 세상이 우리를 알지 못함은 그를 알지 못함이라

7) **요한복음 1장 12절** 영접하는 자 곧 그 이름을 믿는 자들에게는 하나님의 자녀가 되는 권세를 주셨으니

성화와 구원의 유익

**제38문  성화는 무엇인가?**

**답**  성화는 하나님의 자유로운 은혜의 일이다.[1] 성화
로 인해 우리는 하나님의 형상을 따라 전인격이
새롭게 되고[2] 더욱더 죄에 대해서 죽게 되고 의
롭게 살 수 있게 된다.[3]

1) 데살로니가후서 2장 13절 2) 에베소서 4장 23절~24절(참고. 갈라디
아서 5장 24절) 3) 로마서 6장 10절~11절, 빌립보서1장 6절, 요한1서 5
장 4절(참고. 로마서 8장 1절, 빌립보서 2장 12절~13절)

**제39문  칭의와 양자 그리고 성화에서 발생하거나 흘러나
오는 이생의 유익들은 무엇인가?**

**답**  칭의와 양자 그리고 성화에서 발생하거나 흘러
나오는 이생의 유익들은 하나님의 사랑에 대한
확신, 양심의 평안,[4] 성령 안에서의 기쁨,[5] 은혜
의 증가이고[6] 마지막까지 이 모든 유익을 보존하
는 것이다.[7]

4) 로마서 5장 1절~2절, 5절 5) 로마서 14장 17절 6) 잠언 4장 18절 7)
베드로전서 1장 5절, 요한1서 5장 13절

벤자민 벧돔 신앙문답

1) 데살로니가후서 2장 13절 주께서 사랑하시는 형제들아 우리가 항상 너희에 관하여 마땅히 하나님께 감사할 것은 하나님이 처음부터 너희를 택하사 성령의 거룩하게 하심과 진리를 믿음으로 구원을 받게 하심이니

2) 에베소서 4장 23절~24절 오직 너희의 심령이 새롭게 되어 하나님을 따라 의와 진리의 거룩함으로 지으심을 받은 새 사람을 입으라

3) 로마서 6장 10절~11절 그가 죽으심은 죄에 대하여 단번에 죽으심이요 그가 살아 계심은 하나님께 대하여 살아 계심이니 이와 같이 너희도 너희 자신을 죄에 대하여는 죽은 자요 그리스도 예수 안에서 하나님께 대하여는 살아 있는 자로 여길지어다

빌립보서 1장 6절 너희 안에서 착한 일을 시작하신 이가 그리스도 예수의 날까지 이루실 줄을 우리는 확신하노라

요한1서 5장 4절 무릇 하나님께로부터 난 자마다 세상을 이기느니라 세상을 이기는 승리는 이것이니 우리의 믿음이니라

4) 로마서 5장 1절~2절, 5절 그러므로 우리가 믿음으로 의롭다 하심을 받았으니 우리 주 예수 그리스도로 말미암아 하나님과 화평을 누리자 또한 그로 말미암아 우리가 믿음으로 서 있는 이 은혜에 들어감을 얻었으며 하나님의 영광을 바라고 즐거워하느니라 5소망이 우리를 부끄럽게 하지 아니함은 우리에게 주신 성령으로 말미암아 하나님의 사랑이 우리 마음에 부은 바 됨이니

5) 로마서 14장 17절 하나님의 나라는 먹는 것과 마시는 것이 아니요 오직 성령 안에 있는 의와 평강과 희락이라

6) 잠언 4장 18절 의인의 길은 돋는 햇살 같아서 크게 빛나 한낮의 광명에 이르거니와

7) 베드로전서 1장 5절 너희는 말세에 나타내기로 예비하신 구원을 얻기 위하여 믿음으로 말미암아 하나님의 능력으로 보호하심을 받았느니라

요한1서 5장 13절 내가 하나님의 아들의 이름을 믿는 너희에게 이것을 쓰는 것은 너희로 하여금 너희에게 영생이 있음을 알게 하려 함이라

**제40문** 죽음의 순간 성도들이 그리스도로부터 어떤 유익들을 받는가?

**답** 성도들의 영혼은 죽음의 순간 거룩함에 있어서 완벽해지고[1] 즉각적으로 영광으로 들어간다.[2] 그리고 그들의 육체도 그리스도와 연합된 채로[3] 무덤에서 부활 때까지[4] 쉼을 누린다.[5]

1) 히브리서 12장 23절 2) 누가복음 23장 43절, 고린도후서 5장 1절, 6절, 8절, 빌립보서 1장 23절, 시편 73편 24절~25절, 누가복음 16장 22절 3) 데살로니가전서 4장 14절 4) 욥기 19장 26절~27절, 데살로니가전서 4장 16절 5) 이사야 57장 1절~2절, 요한복음 5장 28절~29절

**제41문** 성도들이 부활의 순간 그리스도로부터 받는 유익은 무엇인가?

**답** 성도들은 부활의 순간 영광 안에서 일으켜져서[6] 모든 사람들 앞에서 인정받고, 심판의 날에 죄가 없다고 선언 받고,[7] 영혼과 육신 모두에 있어서 완벽히 복되게 되고 영원히[8] 하나님을 최고로 즐거워한다.[9]

6) 고린도전서 15장 42절~43절, 빌립보서 3장 21절 7) 마태복음 10장 32절, 마태복음 25장 23절 8) 데살로니가전서 4장 17절~18절, 시편 16편 11절 9) 고린도전서 13장 12절, 요한1서 3장 2절

1) **히브리서 12장 23절** 하늘에 기록된 장자들의 모임과 교회와 만민
의 심판자이신 하나님과 및 온전하게 된 의인의 영들과

2) **누가복음 23장 43절** 예수께서 이르시되 내가 진실로 네게 이르노
니 오늘 네가 나와 함께 낙원에 있으리라 하시니라

　**고린도후서 5장 1절, 6절, 8절** 만일 땅에 있는 우리의 장막 집이 무
너지면 하나님께서 지으신 집 곧 손으로 지은 것이 아니요 하
늘에 있는 영원한 집이 우리에게 있는 줄 아느니라 ⁶그러므로
우리가 항상 담대하여 몸으로 있을 때에는 주와 따로 있는 줄
을 아노니 ⁸우리가 담대하여 원하는 바는 차라리 몸을 떠나 주
와 함께 있는 그것이라

　**빌립보서 1장 23절** 내가 그 둘 사이에 끼었으니 차라리 세상을 떠
나서 그리스도와 함께 있는 것이 훨씬 더 좋은 일이라 그렇게
하고 싶으나

　**시편 73편 24절~25절** 주의 교훈으로 나를 인도하시고 후에는 영
광으로 나를 영접하시리니 하늘에서는 주 외에 누가 내게 있으
리요 땅에서는 주 밖에 내가 사모할 이 없나이다

　**누가복음 16장 22절** 이에 그 거지가 죽어 천사들에게 받들려 아
브라함의 품에 들어가고 부자도 죽어 장사되매

3) **데살로니가전서 4장 14절** 우리가 예수께서 죽으셨다가 다시 살아
나심을 믿을진대 이와 같이 예수 안에서 자는 자들도 하나님이
그와 함께 데리고 오시리라

4) **욥기 19장 26절~27절** 내 가죽이 벗김을 당한 뒤에도 내가 육체 밖
에서 하나님을 보리라 내가 그를 보리니 내 눈으로 그를 보기
를 낯선 사람처럼 하지 않을 것이라 내 마음이 초조하구나

　**데살로니가전서 4장 16절** 주께서 호령과 천사장의 소리와 하나님
의 나팔 소리로 친히 하늘로부터 강림하시리니 그리스도 안에
서 죽은 자들이 먼저 일어나고

5) **이사야 57장 1절~2절** 의인이 죽을지라도 마음에 두는 자가 없고
진실한 이들이 거두어 감을 당할지라도 깨닫는 자가 없도다 의

인들은 악한 자들 앞에서 불리어가도다 그들은 평안에 들어갔나니 바른 길로 가는 자들은 그들의 침상에서 편히 쉬리라

**요한복음 5장 28절~29절** 이를 놀랍게 여기지 말라 무덤 속에 있는 자가 다 그의 음성을 들을 때가 오나니 선한 일을 행한 자는 생명의 부활로, 악한 일을 행한 자는 심판의 부활로 나오리라

6) **고린도전서 15장 42절~43절** 죽은 자의 부활도 그와 같으니 썩을 것으로 심고 썩지 아니할 것으로 다시 살아나며 욕된 것으로 심고 영광스러운 것으로 다시 살아나며 약한 것으로 심고 강한 것으로 다시 살아나며

**빌립보서 3장 21절** 그는 만물을 자기에게 복종하게 하실 수 있는 자의 역사로 우리의 낮은 몸을 자기 영광의 몸의 형체와 같이 변하게 하시리라

7) **마태복음 10장 32절** 누구든지 사람 앞에서 나를 시인하면 나도 하늘에 계신 내 아버지 앞에서 그를 시인할 것이요

**마태복음 25장 23절** 그 주인이 이르되 잘하였도다 착하고 충성된 종아 네가 적은 일에 충성하였으매 내가 많은 것을 네게 맡기리니 네 주인의 즐거움에 참여할지어다 하고

8) **데살로니가전서 4장 17절~18절** 그 후에 우리 살아남은 자들도 그들과 함께 구름 속으로 끌어 올려 공중에서 주를 영접하게 하시리니 그리하여 우리가 항상 주와 함께 있으리라 그러므로 이러한 말로 서로 위로하라

**시편 16편 11절** 주께서 생명의 길을 내게 보이시리니 주의 앞에는 충만한 기쁨이 있고 주의 오른쪽에는 영원한 즐거움이 있나이다

9) **고린도전서 13장 12절** 우리가 지금은 거울로 보는 것 같이 희미하나 그 때에는 얼굴과 얼굴을 대하여 볼 것이요 지금은 내가 부분적으로 아나 그 때에는 주께서 나를 아신 것 같이 내가 온전히 알리라

**요한1서 3장 2절** 사랑하는 자들아 우리가 지금은 하나님의 자녀

벤자민 벧돔 신앙문답

라 장래에 어떻게 될지는 아직 나타나지 아니하였으나 그가 나
타나시면 우리가 그와 같을 줄을 아는 것은 그의 참모습 그대
로 볼 것이기 때문이니

**제42문** **그러나 악한 자가 죽는 순간에는 무슨 일이 일어나는가?**

**답** 악한 자의 영혼은 죽는 바로 그 순간 지옥의 고통 속에 던져지고,[1] 부활과 심판의 큰 날까지[2] 그들의 육체는 무덤에 묻혀있을 것이다.[3]

1) 시편 49편 14절 2) 요한복음 5장 28절~29절(참고. 사도행전 24장 15절, 베드로후서 2장 9절) 3) 누가복음 16장 23절~24절

**제43문** **그 심판 날에 악인에게는 무슨 일이 일어나는가?**

**답** 그 심판 날,[4] 무덤에서 올려 진 악인들의 육체는 자신의 영혼과 하나 되어 영원히 말할 수 없는 고통에 처해지는 심판을 받게 된다.[5] 그리고 이는 사탄과 사탄의 영들과 함께 받는다.[6]

4) 요한복음 5장 28절~29절 5) 다니엘 12장 2절, 데살로니가후서 1장 8절~9절, 요한계시록 14장 11절(참고. 마태복음 13장 49절~50절) 6) 마태복음 25장 41절, 46절

1) 시편 49편 14절 그들은 양 같이 스올에 두기로 작정되었으니 사망이 그들의 목자일 것이라 정직한 자들이 아침에 그들을 다스리리니 그들의 아름다움은 소멸하고 스올이 그들의 거처가 되리라

2) 요한복음 5장 28절~29절 이를 놀랍게 여기지 말라 무덤 속에 있는 자가 다 그의 음성을 들을 때가 오나니 선한 일을 행한 자는 생명의 부활로, 악한 일을 행한 자는 심판의 부활로 나오리라

3) 누가복음 16장 23절~24절 그가 음부에서 고통중에 눈을 들어 멀리 아브라함과 그의 품에 있는 나사로를 보고 불러 이르되 아버지 아브라함이여 나를 긍휼히 여기사 나사로를 보내어 그 손가락 끝에 물을 찍어 내 혀를 서늘하게 하소서 내가 이 불꽃 가운데서 괴로워하나이다

4) 요한복음 5장 28절~29절 이를 놀랍게 여기지 말라 무덤 속에 있는 자가 다 그의 음성을 들을 때가 오나니 선한 일을 행한 자는 생명의 부활로, 악한 일을 행한 자는 심판의 부활로 나오리라

5) 다니엘 12장 2절 땅의 티끌 가운데에서 자는 자 중에서 많은 사람이 깨어나 영생을 받는 자도 있겠고 수치를 당하여서 영원히 부끄러움을 당할 자도 있을 것이며

데살로니가후서 1장 8절~9절 하나님을 모르는 자들과 우리 주 예수의 복음에 복종하지 않는 자들에게 형벌을 내리시리니 이런 자들은 주의 얼굴과 그의 힘의 영광을 떠나 영원한 멸망의 형벌을 받으리로다

요한계시록 14장 11절 그 고난의 연기가 세세토록 올라가리로다 짐승과 그의 우상에게 경배하고 그의 이름 표를 받는 자는 누구든지 밤낮 쉼을 얻지 못하리라 하더라

6) 마태복음 25장 41절, 46절 또 왼편에 있는 자들에게 이르시되 저주를 받은 자들아 나를 떠나 마귀와 그 사자들을 위하여 예비된 영원한 불에 들어가라 $^{46}$그들은 영벌에, 의인들은 영생에 들어가리라 하시니라

**제44문**  **하나님께서 사람에게 요구하시는 의무는 무엇인가?**

**답**  하나님께서 사람에게 요구하시는 의무는 사람이
그 계시된 뜻에 순종하는 것이다.[1]

1) 시편 119편 4절, 전도서 12장 13절~14절, 미가 6장 8절, 누가복음
10장 26절~28절

**제45문**  **하나님께서 사람에게 첫 순종의 규칙으로 계시한
규칙은 무엇인가?**

**답**  하나님께서 사람에게 첫 순종의 규칙으로 계시
한 규칙은 도덕법이었다.[2]

2) 로마서 2장 14절~15절, 로마서 5장 13절~14절

1) **시편 119편 4절** 주께서 명령하사 주의 법도를 잘 지키게 하셨나 이다

**전도서 12장 13절~14절** 일의 결국을 다 들었으니 하나님을 경외하고 그의 명령들을 지킬지어다 이것이 모든 사람의 본분이니라 하나님은 모든 행위와 모든 은밀한 일을 선악 간에 심판하시리라

**미가 6장 8절** 사람아 주께서 선한 것이 무엇임을 네게 보이셨나니 여호와께서 네게 구하시는 것은 오직 정의를 행하며 인자를 사랑하며 겸손하게 네 하나님과 함께 행하는 것이 아니냐

**누가복음 10장 26절~28절** 예수께서 이르시되 율법에 무엇이라 기록되었으며 네가 어떻게 읽느냐 대답하여 이르되 네 마음을 다하며 목숨을 다하며 힘을 다하며 뜻을 다하여 주 너의 하나님을 사랑하고 또한 네 이웃을 네 자신 같이 사랑하라 하였나이다 예수께서 이르시되 네 대답이 옳도다 이를 행하라 그러면 살리라 하시니

2) **로마서 2장 14절~15절** (율법 없는 이방인이 본성으로 율법의 일을 행할 때에는 이 사람은 율법이 없어도 자기가 자기에게 율법이 되나니 이런 이들은 그 양심이 증거가 되어 그 생각들이 서로 혹은 고발하며 혹은 변명하여 그 마음에 새긴 율법의 행위를 나타내느니라)

**로마서 5장 13절~14절** 죄가 율법 있기 전에도 세상에 있었으나 율법이 없었을 때에는 죄를 죄로 여기지 아니하였느니라 그러나 아담으로부터 모세까지 아담의 범죄와 같은 죄를 짓지 아니한 자들까지도 사망이 왕 노릇 하였나니 아담은 오실 자의 모형이라

도덕법과 십계명

**제46문  도덕법은 어디에 요약되어 있는가?**

**답**  도덕법은 십계명에 요약되어 있다.[1]

1) 신명기 10장 4절, 마태복음 19장 17절

**제47문  십계명의 정수는 무엇인가?**

**답**  십계명의 정수는 네 마음을 다하고 목숨을 다하고 뜻을 다하여 주 너의 하나님을 사랑하라는 것과 그와 같이 네 이웃을 네 자신 같이 사랑하라 하셨으니 이다.[2]

2) 마태복음 22장 37절~40절

1) **신명기 10장 4절** 여호와께서 그 총회 날에 산 위 불 가운데에서 너희에게 이르신 십계명을 처음과 같이 그 판에 쓰시고 그것을 내게 주시기로

   **마태복음 19장 17절** 예수께서 이르시되 어찌하여 선한 일을 내게 묻느냐 선한 이는 오직 한 분이시니라 네가 생명에 들어 가려면 계명들을 지키라

2) **마태복음 22장 37절~40절** 예수께서 이르시되 네 마음을 다하고 목숨을 다하고 뜻을 다하여 주 너의 하나님을 사랑하라 하셨으니 이것이 크고 첫째 되는 계명이요 둘째도 그와 같으니 네 이웃을 네 자신 같이 사랑하라 하셨으니 이 두 계명이 온 율법과 선지자의 강령이니라

**제48문  십계명의 서문은 무엇인가?**

**답**  십계명의 서문은 나는 너를 애굽 땅, 종 되었던 집
에서 인도하여 낸 네 하나님 여호와니라 이다. [1]

1) 출애굽기 20장 2절

**제49문  십계명 서문이 우리에게 가르치는 것은 무엇인가?**

**답**  십계명의 서문은 하나님께서 주님이시고 우리
하나님이시고 구원자이시기 때문에 하나님의 모
든 명령을 지킬 의무가 지워져있다는 것을 우리
에게 가르친다. [2]

2) 신명기 11장 1절, 시편 100편 2절~3절, 누가복음 1장 74절~75절

1) **출애굽기 20장 2절** 나는 너를 애굽 땅, 종 되었던 집에서 인도하여 낸 네 하나님 여호와니라

2) **신명기 11장 1절** 그런즉 네 하나님 여호와를 사랑하여 그가 주신 책무와 법도와 규례와 명령을 항상 지키라

**시편 100편 2절~3절** 기쁨으로 여호와를 섬기며 노래하면서 그의 앞에 나아갈지어다 여호와가 우리 하나님이신 줄 너희는 알지어다 그는 우리를 지으신 이요 우리는 그의 것이니 그의 백성이요 그의 기르시는 양이로다

**누가복음 1장 74절~75절** 우리가 원수의 손에서 건지심을 받고 종신토록 주의 앞에서 성결과 의로 두려움이 없이 섬기게 하리라 하셨도다

**제50문  첫 번째 계명은 무엇인가?**

**답**  첫 번째 계명은 *너는 나 외에는 다른 신들을 네게
두지 말라* 이다.[1]

1) 출애굽기 20장 3절

**제51문  첫 번째 계명에서 요구하는 것은 무엇인가?**

**답**  첫 번째 계명은 하나님께서 유일하신 참 하나님
이시고 우리의 하나님이시라는 사실을 알고[2] 인
정하고[3] 이에 따라서 하나님을 예배하고 영광 돌
릴 것을 우리에게 요구한다.[4]

2) 역대상 28장 9절 3) 신명기 26장 17절 4) 시편 29편 2절, 마태복음 4
장 10절

1) **출애굽기 20장 3절** 너는 나 외에는 다른 신들을 네게 두지 말라

2) **역대상 28장 9절** 내 아들 솔로몬아 너는 네 아버지의 하나님을 알고 온전한 마음과 기쁜 뜻으로 섬길지어다 여호와께서는 모든 마음을 감찰하사 모든 의도를 아시나니 네가 만일 그를 찾으면 만날 것이요 만일 네가 그를 버리면 그가 너를 영원히 버리시리라

3) **신명기 26장 17절** 네가 오늘 여호와를 네 하나님으로 인정하고 또 그 도를 행하고 그의 규례와 명령과 법도를 지키며 그의 소리를 들으라

4) **시편 29편 2절** 여호와께 그의 이름에 합당한 영광을 돌리며 거룩한 옷을 입고 여호와께 예배할지어다

**마태복음 4장 10절** 이에 예수께서 말씀하시되 사탄아 물러가라 기록되었으되 주 너의 하나님께 경배하고 다만 그를 섬기라 하였느니라

**제52문** 첫 번째 계명에서 금지하는 것은 무엇인가?

**답** 첫 번째 계명은 하나님, 우리의 하나님이신[1] 참 하나님을[2] 부정하고[3] 예배하지 않고 영광 돌리지 않는 것을 금하고 오직 하나님만이 받으실 자격이 있는 예배와 영광을 다른 어떤 것에게 주는 것을 금한다.[4]

1) 로마서 1장 20절~21절 2) 시편 81편 10절~11절 3) 시편 14편 1절 4) 로마서 1장 25절~26절

**제53문** 첫 번째 계명에서 *나 외에는* 이라는 말씀이 우리에게 특별히 가르치는 것은 무엇인가?

**답** 첫 번째 계명에서 *나 외에는* 이라는 말씀은 모든 것을 감찰하시는 하나님께서 우리가 다른 신을 섬기는 죄를 특별히 주목하시고 상당히 불쾌해 하신다는 것을 가르쳐 준다.[5]

5) 신명기 30장 17절~18절, 시편 44편 20절~21절, 시편 90편 8절

1) **로마서 1장 20절~21절** 창세로부터 그의 보이지 아니하는 것들 곧 그의 영원하신 능력과 신성이 그가 만드신 만물에 분명히 보여 알려졌나니 그러므로 그들이 핑계하지 못할지니라 하나님을 알되 하나님을 영화롭게도 아니하며 감사하지도 아니하고 오히려 그 생각이 허망하여지며 미련한 마음이 어두워졌나니

2) **시편 81편 10절~11절** 나는 너를 애굽 땅에서 인도하여 낸 여호와 네 하나님이니 네 입을 크게 열라 내가 채우리라 하였으나 내 백성이 내 소리를 듣지 아니하며 이스라엘이 나를 원하지 아니하였도다

3) **시편 14편 1절** 어리석은 자는 그의 마음에 이르기를 하나님이 없다 하는도다 그들은 부패하고 그 행실이 가증하니 선을 행하는 자가 없도다

4) **로마서 1장 25절~26절** 이는 그들이 하나님의 진리를 거짓 것으로 바꾸어 피조물을 조물주보다 더 경배하고 섬김이라 주는 곧 영원히 찬송할 이시로다 아멘 이 때문에 하나님께서 그들을 부끄러운 욕심에 내버려 두셨으니 곧 그들의 여자들도 순리대로 쓸 것을 바꾸어 역리로 쓰며

5) **신명기 30장 17절~18절** 그러나 네가 만일 마음을 돌이켜 듣지 아니하고 유혹을 받아 다른 신들에게 절하고 그를 섬기면 내가 오늘 너희에게 선언하노니 너희가 반드시 망할 것이라 너희가 요단을 건너가서 차지할 땅에서 너희의 날이 길지 못할 것이니라

**시편 44편 20절~21절** 우리가 우리 하나님의 이름을 잊어버렸거나 우리 손을 이방 신에게 향하여 폈더면 하나님이 이를 알아내지 아니하셨으리이까 무릇 주는 마음의 비밀을 아시나이다

**시편 90편 8절** 주께서 우리의 죄악을 주의 앞에 놓으시며 우리의 은밀한 죄를 주의 얼굴 빛 가운데에 두셨사오니

**제54문 두 번째 계명은 무엇인가?**

답 두 번째 계명은 너를 위하여 새긴 우상을 만들지 말고 또 위로 하늘에 있는 것이나 아래로 땅에 있는 것이나 땅 아래 물 속에 있는 것의 어떤 형상도 만들지 말며 그것들에게 절하지 말며 그것들을 섬기지 말라 나 네 하나님 여호와는 질투하는 하나님인즉 나를 미워하는 자의 죄를 갚되 아버지로부터 아들에게로 삼사 대까지 이르게 하거니와 나를 사랑하고 내 계명을 지키는 자에게는 천 대까지 은혜를 베푸느니라 이다.[1)]

1) 출애굽기 20장 4절~6절

**제55문 두 번째 계명에서 요구하는 것은 무엇인가?**

답 두 번째 계명은 하나님께서 자신의 말씀으로 정해주신 이러한 모든 종교예배와 법령들을 순수하고 온전하게 받아들이고 지키고[2)] 유지할 것을 요구하신다. [3)]

2) 신명기 32장 46절, 마태복음 28장 20절, 요한복음 4장 24절, 사도행전 2장 42절 3) 신명기 12장 13절~14절, 신명기 12장 32절, 마가복음 7장 6절~8절

1) **출애굽기 20장 4절~6절** 너를 위하여 새긴 우상을 만들지 말고 또 위로 하늘에 있는 것이나 아래로 땅에 있는 것이나 땅 아래 물 속에 있는 것의 어떤 형상도 만들지 말며 그것들에게 절하지 말며 그것들을 섬기지 말라 나 네 하나님 여호와는 질투하는 하나님인즉 나를 미워하는 자의 죄를 갚되 아버지로부터 아들 에게로 삼사 대까지 이르게 하거니와 나를 사랑하고 내 계명을 지키는 자에게는 천 대까지 은혜를 베푸느니라

2) **신명기 32장 46절** 그들에게 이르되 내가 오늘 너희에게 증언한 모든 말을 너희의 마음에 두고 너희의 자녀에게 명령하여 이 율법의 모든 말씀을 지켜 행하게 하라

   **마태복음 28장 20절** 내가 너희에게 분부한 모든 것을 가르쳐 지 키게 하라 볼지어다 내가 세상 끝날까지 너희와 항상 함께 있 으리라 하시니라

   **요한복음 4장 24절** 하나님은 영이시니 예배하는 자가 영과 진리 로 예배할지니라

   **사도행전 2장 42절** 그들이 사도의 가르침을 받아 서로 교제하고 떡을 떼며 오로지 기도하기를 힘쓰니라

3) **신명기 12장 13절~14절** 너는 삼가서 네게 보이는 아무 곳에서나 번제를 드리지 말고 오직 너희의 한 지파 중에 여호와께서 택 하실 그 곳에서 번제를 드리고 또 내가 네게 명령하는 모든 것 을 거기서 행할지니라

   **신명기 12장 32절** 내가 너희에게 명령하는 이 모든 말을 너희는 지켜 행하고 그것에 가감하지 말지니라

   **마가복음 7장 6절~8절** 이르시되 이사야가 너희 외식하는 자에 대 하여 잘 예언하였도다 기록하였으되 이 백성이 입술로는 나를 공경하되 마음은 내게서 멀도다 사람의 계명으로 교훈을 삼아 가르치니 나를 헛되이 경배하는도다 하였느니라 너희가 하나 님의 계명은 버리고 사람의 전통을 지키느니라

**제56문  두 번째 계명에서 금지하는 것은 무엇인가?**

**답**  두 번째 계명은 형상들이나,[1] 하나님의 말씀에 정해져 있지 않은 다른 모든 방식으로 하나님께 예배드리는 것을 금지한다.[2]

1) 신명기 4장 15절~19절 2) 레위기 10장 1절~2절(참고. 신명기 12장 30절 ~32절)

**제57문  두 번째 계명에 덧붙여진 말씀이 있는 까닭은 무엇인가?**

**답**  두 번째 계명에 덧붙여진 말씀이 있는 까닭은 하나님께서 주권적으로 우리를 통치하시고 우리의 소유권을 가지고 계시고[3] 하나님께서는 자신이 받아야 하는 예배에 애착을 가지고 계시기 때문이다.[4]

3) 시편 45편 11절, 시편 95편 2절~3절, 6절, 시편 100편 2절~3절 4) 출애굽기 34장 13절~14절, 시편 106편 19절, 21절, 23절

벤자민 벧돔 신앙문답

1) **신명기 4장 15절~19절** 여호와께서 호렙 산 불길 중에서 너희에게 말씀하시던 날에 너희가 어떤 형상도 보지 못하였은즉 너희는 깊이 삼가라 그리하여 스스로 부패하여 자기를 위해 어떤 형상대로든지 우상을 새겨 만들지 말라 남자의 형상이든지, 여자의 형상이든지, 땅 위에 있는 어떤 짐승의 형상이든지, 하늘을 나는 날개 가진 어떤 새의 형상이든지, 땅 위에 기는 어떤 곤충의 형상이든지, 땅 아래 물 속에 있는 어떤 어족의 형상이든지 만들지 말라 또 그리하여 네가 하늘을 향하여 눈을 들어 해와 달과 별들, 하늘 위의 모든 천체 곧 너희의 하나님 여호와께서 천하 만민을 위하여 배정하신 것을 보고 미혹하여 그것에 경배하며 섬기지 말라

2) **레위기 10장 1절~2절** 아론의 아들 나답과 아비후가 각기 향로를 가져다가 여호와께서 명령하시지 아니하신 다른 불을 담아 여호와 앞에 분향하였더니 불이 여호와 앞에서 나와 그들을 삼키매 그들이 여호와 앞에서 죽은지라

3) **시편 45편 11절** 그리하면 왕이 네 아름다움을 사모하실지라 그는 네 주인이시니 너는 그를 경배할지어다

   **시편 95편 2절~3절, 6절** 우리가 감사함으로 그 앞에 나아가며 시를 지어 즐거이 그를 노래하자 여호와는 크신 하나님이시요 모든 신들보다 크신 왕이시기 때문이로다 <sup>6</sup>오라 우리가 굽혀 경배하며 우리를 지으신 여호와 앞에 무릎을 꿇자

   **시편 100편 2절~3절** 기쁨으로 여호와를 섬기며 노래하면서 그의 앞에 나아갈지어다 여호와가 우리 하나님이신 줄 너희는 알지어다 그는 우리를 지으신 이요 우리는 그의 것이니 그의 백성이요 그의 기르시는 양이로다

4) **출애굽기 34장 13절~14절** 너희는 도리어 그들의 제단들을 헐고 그들의 주상을 깨뜨리고 그들의 아세라 상을 찍을지어다 너는 다른 신에게 절하지 말라 여호와는 질투라 이름하는 질투의 하나님임이니라

   **시편 106편 19절, 21절, 23절** 그들이 호렙에서 송아지를 만들고 부어 만든 우상을 경배하여 <sup>21</sup>애굽에서 큰 일을 행하신 그의 구원자 하나님을 그들이 잊었나니 <sup>23</sup>그러므로 여호와께서 그들을 멸하리라 하셨으나 그가 택하신 모세가 그 어려움 가운데에서 그의 앞에 서서 그의 노를 돌이켜 멸하시지 아니하게 하였도다

십
계
명
제
3
계
명

**제58문 세 번째 계명은 무엇인가?**

**답** 세 번째 계명은 너는 네 하나님 여호와의 이름을 망령되게 부르지 말라 여호와는 그의 이름을 망령되게 부르는 자를 죄 없다 하지 아니하리라 이다.[1]

1) 출애굽기 20장 7절

**제59문 세 번째 계명에서 요구하는 것은 무엇인가?**

**답** 세 번째 계명은 하나님의 이름들,[2] 칭호들, 속성들,[3] 명령들,[4] 말씀,[5] 행하신 일들을[6] 거룩하고 경건하게 부르고, 생각할 것을 요구한다.

2) 시편 29편 2절, 마태복음 6장 9절 3) 요한계시록 15장 3절~4절 4) 전도서 5장 1절(참고. 말라기 1장 11절, 14절) 5) 시편 138편 1절~2절 6) 신명기 28장 58절~59절, 욥기 36장 24절(참고. 시편 105편 1절~5절)

벤자민 벧돔 신앙문답

1) **출애굽기 20장 7절** 너는 네 하나님 여호와의 이름을 망령되게 부르지 말라 여호와는 그의 이름을 망령되게 부르는 자를 죄 없다 하지 아니하리라

2) **시편 29편 2절** 여호와께 그의 이름에 합당한 영광을 돌리며 거룩한 옷을 입고 여호와께 예배할지어다

   **마태복음 6장 9절** 그러므로 너희는 이렇게 기도하라 하늘에 계신 우리 아버지여 이름이 거룩히 여김을 받으시오며

3) **요한계시록 15장 3절~4절** 하나님의 종 모세의 노래, 어린 양의 노래를 불러 이르되 주 하나님 곧 전능하신 이시여 하시는 일이 크고 놀라우시도다 만국의 왕이시여 주의 길이 의롭고 참되시도다 주여 누가 주의 이름을 두려워하지 아니하며 영화롭게 하지 아니하오리이까 오직 주만 거룩하시니이다 주의 의로우신 일이 나타났으매 만국이 와서 주께 경배하리이다 하더라

4) **전도서 5장 1절** 너는 하나님의 집에 들어갈 때에 네 발을 삼갈지어다 가까이 하여 말씀을 듣는 것이 우매한 자들이 제물 드리는 것보다 나으니 그들은 악을 행하면서도 깨닫지 못함이니라

5) **시편 138편 1절~2절** 내가 전심으로 주께 감사하며 신들 앞에서 주께 찬송하리이다 내가 주의 성전을 향하여 예배하며 주의 인자하심과 성실하심으로 말미암아 주의 이름에 감사하오리니 이는 주께서 주의 말씀을 주의 모든 이름보다 높게 하셨음이라

6) **신명기 28장 58절~59절** 네가 만일 이 책에 기록한 이 율법의 모든 말씀을 지켜 행하지 아니하고 네 하나님 여호와라 하는 영화롭고 두려운 이름을 경외하지 아니하면 여호와께서 네 재앙과 네 자손의 재앙을 극렬하게 하시리니 그 재앙이 크고 오래고 그 질병이 중하고 오랠 것이라

   **욥기 36장 24절** 그대는 하나님께서 하신 일을 기억하고 높이라 잊지 말지니라 인생이 그의 일을 찬송하였느니라

**제60문** **세 번째 계명에 금지하는 것은 무엇인가?**

**답** 세 번째 계명은 하나님께서 자신을 드러내시는 모든 수단을 더럽히고 남용하는 것을 모두 금한다.[1]

1) 레위기 19장 12절, 이사야 52장 5절, 말라기 2장 2절, 마태복음 5장 34절~37절(참고. 레위기 20장 3절, 말라기 1장 6절~7절)

**제61문** **세 번째 계명에 덧붙여진 말씀이 있는 까닭은 무엇인가?**

**답** 세 번째 계명에 덧붙여진 말씀이 있는 까닭은 이 계명을 깨뜨린 자들이 사람의 처벌을 피할 수도 있지만, 주 우리 하나님께서는 자신의 의로운 심판을 피해 달아나도록 내버려 두지 않으시기 때문이다.[2]

2) 신명기 28장 58절~59절, 말라기 2장 2절(참고. 사무엘상 2장 12절, 17절, 22절, 29절, 사무엘상 3장 13절)

1) 레위기 19장 12절 너희는 내 이름으로 거짓 맹세함으로 네 하나님의 이름을 욕되게 하지 말라 나는 여호와이니라

이사야 52장 5절 그러므로 이제 여호와께서 말씀하시되 내 백성이 까닭 없이 잡혀갔으니 내가 여기서 어떻게 하랴 여호와께서 말씀하시되 그들을 관할하는 자들이 떠들며 내 이름을 항상 종일토록 더럽히도다

말라기 2장 2절 만군의 여호와가 이르노라 너희가 만일 듣지 아니하며 마음에 두지 아니하여 내 이름을 영화롭게 하지 아니하면 내가 너희에게 저주를 내려 너희의 복을 저주하리라 내가 이미 저주하였나니 이는 너희가 그것을 마음에 두지 아니하였음이라

마태복음 5장 34절~37절 나는 너희에게 이르노니 도무지 맹세하지 말지니 하늘로도 하지 말라 이는 하나님의 보좌임이요 땅으로도 하지 말라 이는 하나님의 발등상임이요 예루살렘으로도 하지 말라 이는 큰 임금의 성임이요 네 머리로도 하지 말라 이는 네가 한 터럭도 희고 검게 할 수 없음이라 오직 너희 말은 옳다 옳다, 아니라 아니라 하라 이에서 지나는 것은 악으로부터 나느니라

2) 신명기 28장 58절~59절 네가 만일 이 책에 기록한 이 율법의 모든 말씀을 지켜 행하지 아니하고 네 하나님 여호와라 하는 영화롭고 두려운 이름을 경외하지 아니하면 여호와께서 네 재앙과 네 자손의 재앙을 극렬하게 하시리니 그 재앙이 크고 오래고 그 질병이 중하고 오랠 것이라

말라기 2장 2절 만군의 여호와가 이르노라 너희가 만일 듣지 아니하며 마음에 두지 아니하여 내 이름을 영화롭게 하지 아니하면 내가 너희에게 저주를 내려 너희의 복을 저주하리라 내가 이미 저주하였나니 이는 너희가 그것을 마음에 두지 아니하였음이라

**제62문  네 번째 계명은 무엇인가?**

**답**  네 번째 계명은 안식일을 기억하여 거룩하게 지키라 엿새 동안은 힘써 네 모든 일을 행할 것이나 일곱째 날은 네 하나님 여호와의 안식일인즉 너나 네 아들이나 네 딸이나 네 남종이나 네 여종이나 네 가축이나 네 문안에 머무는 객이라도 아무 일도 하지 말라 이는 엿새 동안에 나 여호와가 하늘과 땅과 바다와 그 가운데 모든 것을 만들고 일곱째 날에 쉬었음이라 그러므로 나 여호와가 안식일을 복되게 하여 그 날을 거룩하게 하였느니라 이다.[1]

1) 출애굽기 20장 8절~11절

**제63문  네 번째 계명에서 요구하는 것은 무엇인가?**

**답**  네 번째 계명은 안식일인 일곱 번째 날 하루 온종일 하나님을 거룩히 하여 안식일이 하나님의 날이 되게 할 것을 요구한다.[2]

2) 레위기 19장 30절, 신명기 5장 12절~14절

1) **출애굽기 20장 8절~11절** 안식일을 기억하여 거룩하게 지키라 엿 새 동안은 힘써 네 모든 일을 행할 것이나 일곱째 날은 네 하나 님 여호와의 안식일인즉 너나 네 아들이나 네 딸이나 네 남종 이나 네 여종이나 네 가축이나 네 문안에 머무는 객이라도 아 무 일도 하지 말라 이는 엿새 동안에 나 여호와가 하늘과 땅과 바다와 그 가운데 모든 것을 만들고 일곱째 날에 쉬었음이라 그러므로 나 여호와가 안식일을 복되게 하여 그 날을 거룩하게 하였느니라

2) **레위기 19장 30절** 내 안식일을 지키고 내 성소를 귀히 여기라 나 는 여호와이니라

**신명기 5장 12절~14절** 네 하나님 여호와가 네게 명령한 대로 안 식일을 지켜 거룩하게 하라 엿새 동안은 힘써 네 모든 일을 행 할 것이나 일곱째 날은 네 하나님 여호와의 안식일인즉 너나 네 아들이나 네 딸이나 네 남종이나 네 여종이나 네 소나 네 나 귀나 네 모든 가축이나 네 문 안에 유하는 객이라도 아무 일도 하지 못하게 하고 네 남종이나 네 여종에게 너 같이 안식하게 할지니라

**제64문  하나님께서는 칠 일 중 몇 번째 날을 한 주의 안식일로 정하셨는가?**

답  그리스도 부활 이전에, 하나님께서는 일곱 번째 날을 한 주의 안식일로 정하셨다.[1] 그리고 그 이후에는 일주일의 첫 번째 날을 이 세상 끝 날까지 그리스도인의 안식일로 정하셨다.[2]

1) 창세기 2장 3절, 고린도전서 16장 1절~2절 2) 요한복음 20장 19절, 사도행전 20장 7절, 요한계시록 1장 10절

**제65문  안식일은 어떻게 거룩해지는가?**

답  안식일은 그 날 전체를 거룩하게 쉬는 것으로[3] 거룩하게 된다. 이 쉼은 다른 날에는 합법적인 세상의 직업과 관련된 일과 즐거운 오락들을 하지 않는 것이다.[4] 그리고 이 쉼은 하나님을 예배하는 것만큼 필수적이고 자비로운 일들을 제외한[5] 그날의 모든 시간을 공식적으로나 개인적으로 하나님을 예배하며 보내는 것이다.[6]

3) 출애굽기 16장 25절~28절, 출애굽기 20장 8절, 10절, 레위기 23장 3절 4) 느헤미야 13장 15절~22절 5) 마태복음 12장 11절~12절, 이사야 58장 13절~14절 6) 시편 92편 1절~3절, 이사야 66장 23절, 누가복음 4장 16절

1) **창세기 2장 3절** 하나님이 그 일곱째 날을 복되게 하사 거룩하게 하셨으니 이는 하나님이 그 창조하시며 만드시던 모든 일을 마치시고 그 날에 안식하셨음이니라

**고린도전서 16장 1절~2절** 성도를 위하는 연보에 관하여는 내가 갈라디아 교회들에게 명한 것 같이 너희도 그렇게 하라 매주 첫날에 너희 각 사람이 수입에 따라 모아 두어서 내가 갈 때에 연보를 하지 않게 하라

2) **요한복음 20장 19절** 이 날 곧 안식 후 첫날 저녁 때에 제자들이 유대인들을 두려워하여 모인 곳의 문들을 닫았더니 예수께서 오사 가운데 서서 이르시되 너희에게 평강이 있을지어다

**사도행전 20장 7절** 그 주간의 첫날에 우리가 떡을 떼려 하여 모였더니 바울이 이튿날 떠나고자 하여 그들에게 강론할새 말을 밤중까지 계속하매

**요한계시록 1장 10절** 주의 날에 내가 성령에 감동되어 내 뒤에서 나는 나팔 소리 같은 큰 음성을 들으니

3) **출애굽기 16장 25절~28절** 모세가 이르되 오늘은 그것을 먹으라 오늘은 여호와의 안식일인즉 오늘은 너희가 들에서 그것을 얻지 못하리라 엿새 동안은 너희가 그것을 거두되 일곱째 날은 안식일인즉 그 날에는 없으리라 하였으나 일곱째 날에 백성 중 어떤 사람들이 거두러 나갔다가 얻지 못하니라 여호와께서 모세에게 이르시되 어느 때까지 너희가 내 계명과 내 율법을 지키지 아니하려느냐

**출애굽기 20장 8절, 10절** 안식일을 기억하여 거룩하게 지키라 [10] 일곱째 날은 네 하나님 여호와의 안식일인즉 너나 네 아들이나 네 딸이나 네 남종이나 네 여종이나 네 가축이나 네 문안에 머무는 객이라도 아무 일도 하지 말라

**레위기 23장 3절** 엿새 동안은 일할 것이요 일곱째 날은 쉴 안식일이니 성회의 날이라 너희는 아무 일도 하지 말라 이는 너희가 거주하는 각처에서 지킬 여호와의 안식일이니라

4) **느헤미야 13장 15절~22절** 그 때에 내가 본즉 유다에서 어떤 사람

이 안식일에 술틀을 밟고 곡식단을 나귀에 실어 운반하며 포도
주와 포도와 무화과와 여러 가지 짐을 지고 안식일에 예루살렘
에 들어와서 음식물을 팔기로 그 날에 내가 경계하였고 또 두
로 사람이 예루살렘에 살며 물고기와 각양 물건을 가져다가 안
식일에 예루살렘에서도 유다 자손에게 팔기로 내가 유다의 모
든 귀인들을 꾸짖어 그들에게 이르기를 너희가 어찌 이 악을
행하여 안식일을 범하느냐 너희 조상들이 이같이 행하지 아니
하였느냐 그래서 우리 하나님이 이 모든 재앙을 우리와 이 성
읍에 내리신 것이 아니냐 그럼에도 불구하고 너희가 안식일을
범하여 진노가 이스라엘에게 더욱 심하게 임하도록 하는도다
하고 안식일 전 예루살렘 성문이 어두워갈 때에 내가 성문을
닫고 안식일이 지나기 전에는 열지 말라 하고 나를 따르는 종
자 몇을 성문마다 세워 안식일에는 아무 짐도 들어오지 못하게
하였으므로 장사꾼들과 각양 물건 파는 자들이 한두 번 예루살
렘 성 밖에서 자므로 내가 그들에게 경계하여 이르기를 너희가
어찌하여 성 밑에서 자느냐 다시 이같이 하면 내가 잡으리라
하였더니 그후부터는 안식일에 그들이 다시 오지 아니하였느
니라 내가 또 레위 사람들에게 몸을 정결하게 하고 와서 성문
을 지켜서 안식일을 거룩하게 하라 하였느니라 내 하나님이여
나를 위하여 이 일도 기억하시옵고 주의 크신 은혜대로 나를
아끼시옵소서

5) **마태복음 12장 11절~12절** 예수께서 이르시되 너희 중에 어떤 사
람이 양 한 마리가 있어 안식일에 구덩이에 빠졌으면 끌어내지
않겠느냐 사람이 양보다 얼마나 더 귀하냐 그러므로 안식일에
선을 행하는 것이 옳으니라 하시고

**이사야 58장 13절~14절** 만일 안식일에 네 발을 금하여 내 성일에
오락을 행하지 아니하고 안식일을 일컬어 즐거운 날이라, 여호
와의 성일을 존귀한 날이라 하여 이를 존귀하게 여기고 네 길
로 행하지 아니하며 네 오락을 구하지 아니하며 사사로운 말을
하지 아니하면 네가 여호와 안에서 즐거움을 얻을 것이라 내가
너를 땅의 높은 곳에 올리고 네 조상 야곱의 기업으로 기르리

벤자민 벧돔 신앙문답

라 여호와의 입의 말씀이니라

6) **시편 92편 1절~3절** 지존자여 십현금과 비파와 수금으로 여호와께 감사하며 주의 이름을 찬양하고 아침마다 주의 인자하심을 알리며 밤마다 주의 성실하심을 베풂이 좋으니이다

**이사야 66장 23절** 여호와가 말하노라 매월 초하루와 매 안식일에 모든 혈육이 내 앞에 나아와 예배하리라

**누가복음 4장 16절** 예수께서 그 자라나신 곳 나사렛에 이르사 안식일에 늘 하시던 대로 회당에 들어가사 성경을 읽으려고 서시매

**제66문** 네 번째 계명에서 금지하는 것은 무엇인가?

**답** 네 번째 계명은 요구되는 의무들을 빠뜨리거나 부주의하게 행하는 것을 금한다.[1] 그리고 게을러서, 그 자체로 죄악 된 일을 행하여,[2] 세상의 일이나 즐거운 오락들을 불필요하게 생각하거나 말하거나 행함으로써 안식일을 모독하는 것을 금한다.[3]

1) 에스겔 22장 26절, 아모스 8장 5절~6절, 말라기 1장 13절 2) 에스겔 23장 38절, 사도행전 20장 7절~9절 3) 이사야 58장 13절~14절, 예레미야 17장 24절~27절

**제67문** 네 번째 계명에 덧붙여진 근거들은 무엇인가?

**답** 네 번째 계명에 덧붙여진 근거들은 하나님께서 일주일의 엿새 동안 합법적인 직업과 관련된 일을 하라고 하셨고,[4] 일곱 번째 날을 특별히 자신의 소유로 삼으시고[5] 직접 모범이 되시고[6] 안식일을 복되게 하신 것이다.[7]

4) 출애굽기 20장 9절, 출애굽기 31장 15절~16절 5) 출애굽기 20장 10절, 레위기 23장 3절 6) 출애굽기 31장 17절, 창세기 2장 2절 7) 창세기 2장 3절, 출애굽기 20장 11절

벤자민 벧돔 신앙문답

1) 에스겔 22장 26절 그 제사장들은 내 율법을 범하였으며 나의 성
물을 더럽혔으며 거룩함과 속된 것을 구별하지 아니하였으며
부정함과 정한 것을 사람이 구별하게 하지 아니하였으며 그의
눈을 가리어 나의 안식일을 보지 아니하였으므로 내가 그들 가
운데에서 더럽힘을 받았느니라

아모스 8장 5절~6절 너희가 이르기를 월삭이 언제 지나서 우리가
곡식을 팔며 안식일이 언제 지나서 우리가 밀을 내게 할꼬 에
바를 작게 하고 세겔을 크게 하여 거짓 저울로 속이며 은으로
힘없는 자를 사며 신 한 켤레로 가난한 자를 사며 찌꺼기 밀을
팔자 하는도다

말라기 1장 13절 만군의 여호와가 이르노라 너희가 또 말하기를
이 일이 얼마나 번거로운고 하며 코웃음치고 훔친 물건과 저는
것, 병든 것을 가져왔느니라 너희가 이같이 봉헌물을 가져오니
내가 그것을 너희 손에서 받겠느냐 이는 여호와의 말이니라

2) 에스겔 23장 38절 이 외에도 그들이 내게 행한 것이 있나니 당일
에 내 성소를 더럽히며 내 안식일을 범하였도다

사도행전 20장 7절~9절 그 주간의 첫날에 우리가 떡을 떼려 하여
모였더니 바울이 이튿날 떠나고자 하여 그들에게 강론할새 말
을 밤중까지 계속하매 우리가 모인 윗다락에 등불을 많이 켰는
데 유두고라 하는 청년이 창에 걸터 앉아 있다가 깊이 졸더니
바울이 강론하기를 더 오래 하매 졸음을 이기지 못하여 삼 층
에서 떨어지거늘 일으켜보니 죽었는지라

3) 이사야 58장 13절~14절 만일 안식일에 네 발을 금하여 내 성일에
오락을 행하지 아니하고 안식일을 일컬어 즐거운 날이라, 여호
와의 성일을 존귀한 날이라 하여 이를 존귀하게 여기고 네 길
로 행하지 아니하며 네 오락을 구하지 아니하며 사사로운 말을
하지 아니하면 네가 여호와 안에서 즐거움을 얻을 것이라 내가
너를 땅의 높은 곳에 올리고 네 조상 야곱의 기업으로 기르리
라 여호와의 입의 말씀이니라

예레미야 17장 24절~27절 여호와의 말씀이니라 너희가 만일 삼가

나를 순종하여 안식일에 짐을 지고 이 성문으로 들어오지 아니하며 안식일을 거룩히 하여 어떤 일이라도 하지 아니하면 다윗의 왕위에 앉아 있는 왕들과 고관들이 병거와 말을 타고 이 성문으로 들어오되 그들과 유다 모든 백성과 예루살렘 주민들이 함께 그리할 것이요 이 성은 영원히 있을 것이며 사람들이 유다 성읍들과 예루살렘에 둘린 곳들과 베냐민 땅과 평지와 산지와 네겝으로부터 와서 번제와 희생과 소제와 유향과 감사제물을 여호와의 성전에 가져오려니와 그러나 만일 너희가 나를 순종하지 아니하고 안식일을 거룩되게 아니하여 안식일에 짐을 지고 예루살렘 문으로 들어오면 내가 성문에 불을 놓아 예루살렘 궁전을 삼키게 하리니 그 불이 꺼지지 아니하리라 하셨다 할지니라 하시니라

4) **출애굽기 20장 9절** 엿새 동안은 힘써 네 모든 일을 행할 것이나

**출애굽기 31장 15절~16절** 엿새 동안은 일할 것이나 일곱째 날은 큰 안식일이니 여호와께 거룩한 것이라 안식일에 일하는 자는 누구든지 반드시 죽일지니라 이같이 이스라엘 자손이 안식일을 지켜서 그것으로 대대로 영원한 언약을 삼을 것이니

5) **출애굽기 20장 10절** 일곱째 날은 네 하나님 여호와의 안식일인즉 너나 네 아들이나 네 딸이나 네 남종이나 네 여종이나 네 가축이나 네 문안에 머무는 객이라도 아무 일도 하지 말라

**레위기 23장 3절** 엿새 동안은 일할 것이요 일곱째 날은 쉴 안식일이니 성회의 날이라 너희는 아무 일도 하지 말라 이는 너희가 거주하는 각처에서 지킬 여호와의 안식일이니라

6) **출애굽기 31장 17절** 이는 나와 이스라엘 자손 사이에 영원한 표징이며 나 여호와가 엿새 동안에 천지를 창조하고 일곱째 날에 일을 마치고 쉬었음이니라 하라

**창세기 2장 2절** 하나님이 그가 하시던 일을 일곱째 날에 마치시니 그가 하시던 모든 일을 그치고 일곱째 날에 안식하시니라

7) **창세기 2장 3절** 하나님이 그 일곱째 날을 복되게 하사 거룩하게 하셨으니 이는 하나님이 그 창조하시며 만드시던 모든 일을 마

치시고 그 날에 안식하셨음이니라

**출애굽기 20장 11절** 이는 엿새 동안에 나 여호와가 하늘과 땅과 바다와 그 가운데 모든 것을 만들고 일곱째 날에 쉬었음이라 그러므로 나 여호와가 안식일을 복되게 하여 그 날을 거룩하게 하였느니라

**제68문  다섯 번째 계명은 무엇인가?**

**답**  다섯 번째 계명은 네 부모를 공경하라 그리하면
네 하나님 여호와가 네게 준 땅에서 네 생명이 길
리라 이다.[1]

1) 출애굽기 20장 12절

**제69문  다섯 번째 계명에서 요구하는 것은 무엇인가?**

**답**  다섯 번째 계명은 명예로운 사람을 명예롭게 하
고 윗사람이나 아랫사람 또는 대등한 사람과의
여러 상황들과 관계들에서 각자에게 주어진 의
무를 행하라는 것이다.[2]

2) 로마서 12장 10절, 로마서 13장 1절, 에베소서 5장 21절~23절, 에베
소서 6장 1절~2절, 5절, 에베소서 6장 9절, 베드로전서 2장 13절~14
절, 17절

1) 출애굽기 20장 12절 네 부모를 공경하라 그리하면 네 하나님 여호와가 네게 준 땅에서 네 생명이 길리라

2) 로마서 12장 10절 형제를 사랑하여 서로 우애하고 존경하기를 서로 먼저 하며

로마서 13장 1절 각 사람은 위에 있는 권세들에게 복종하라 권세는 하나님으로부터 나지 않음이 없나니 모든 권세는 다 하나님께서 정하신 바라

에베소서 5장 21절~23절 그리스도를 경외함으로 피차 복종하라 아내들이여 자기 남편에게 복종하기를 주께 하듯 하라 이는 남편이 아내의 머리 됨이 그리스도께서 교회의 머리 됨과 같음이니 그가 바로 몸의 구주시니라

에베소서 6장 1절~2절, 5절 자녀들아 주 안에서 너희 부모에게 순종하라 이것이 옳으니라 네 아버지와 어머니를 공경하라 이것은 약속이 있는 첫 계명이니 [5]종들아 두려워하고 떨며 성실한 마음으로 육체의 상전에게 순종하기를 그리스도께 하듯 하라

에베소서 6장 9절 상전들아 너희도 그들에게 이와 같이 하고 위협을 그치라 이는 그들과 너희의 상전이 하늘에 계시고 그에게는 사람을 외모로 취하는 일이 없는 줄 너희가 앎이라

베드로전서 2장 13절~14절, 17절 인간의 모든 제도를 주를 위하여 순종하되 혹은 위에 있는 왕이나 혹은 그가 악행하는 자를 징벌하고 선행하는 자를 포상하기 위하여 보낸 총독에게 하라 [17]뭇 사람을 공경하며 형제를 사랑하며 하나님을 두려워하며 왕을 존대하라

**제70문  다섯 번째 계명에서 금지하는 것은 무엇인가?**

**답**  다섯 번째 계명은 여러 상황과 관계에서 모든 사
람의 명예를 무시하거나 실추시키거나 의무를
행하지 못하도록 방해하는 모든 일을 금한다.[1]

1) 에스겔 34장 2절~3절, 마태복음 15장 4절~6절, 로마서 13장 7절~8절

**제71문  다섯 번째 계명에 덧붙여진 근거는 무엇인가?**

**답**  다섯 번째 계명에 덧붙여진 근거는 이 계명을 지
키는 모든 사람들에게 장수와 (하나님의 영광과 그들
자신의 선을 위한 것에 한하여)번영이 약속되어 있다는
것이다.[2]

2) 신명기 5장 16절, 에베소서 6장 2절~3절

1) **에스겔 34장 2절~3절** 인자야 너는 이스라엘 목자들에게 예언하라 그들 곧 목자들에게 예언하여 이르기를 주 여호와께서 이같이 말씀하시되 자기만 먹는 이스라엘 목자들은 화 있을진저 목자들이 양 떼를 먹이는 것이 마땅하지 아니하냐 너희가 살진 양을 잡아 그 기름을 먹으며 그 털을 입되 양 떼는 먹이지 아니하는도다

**마태복음 15장 4절~6절** 하나님이 이르셨으되 네 부모를 공경하라 하시고 또 아버지나 어머니를 비방하는 자는 반드시 죽임을 당하리라 하셨거늘 너희는 이르되 누구든지 아버지에게나 어머니에게 말하기를 내가 드려 유익하게 할 것이 하나님께 드림이 되었다고 하기만 하면 그 부모를 공경할 것이 없다 하여 너희의 전통으로 하나님의 말씀을 폐하는도다

**로마서 13장 7절~8절** 모든 자에게 줄 것을 주되 조세를 받을 자에게 조세를 바치고 관세를 받을 자에게 관세를 바치고 두려워할 자를 두려워하며 존경할 자를 존경하라 피차 사랑의 빚 외에는 아무에게든지 아무 빚도 지지 말라 남을 사랑하는 자는 율법을 다 이루었느니라

2) **신명기 5장 16절** 너는 네 하나님 여호와께서 명령한 대로 네 부모를 공경하라 그리하면 네 하나님 여호와가 네게 준 땅에서 네 생명이 길고 복을 누리리라

**에베소서 6장 2절~3절** 네 아버지와 어머니를 공경하라 이것은 약속이 있는 첫 계명이니 이로써 네가 잘되고 땅에서 장수하리라

**제72문  여섯 번째 계명은 무엇인가?**

**답**  여섯 번째 계명은 *살인하지 말라* 이다.[1]

1) 출애굽기 20장 13절

**제73문  여섯 번째 계명에서 요구하는 것은 무엇인가?**

**답**  여섯 번째 계명은 우리 자신의 생명[2]과 다른 사람들의 생명을[3] 지키기 위한 모든 합법적인 노력을 요구한다.

2) 에베소서 5장 28절~29절 3) 열왕기상 18장 4절, 욥기 29장 13절, 시편 82편 3절~4절

**제74문  여섯 번째 계명에서 금지하는 것은 무엇인가?**

**답**  여섯 번째 계명은 우리 자신과[4] 우리 이웃의 생명을[5] 부당하게 취급하는 것과 이렇게 부당하게 취급하는 모든 모양을 절대 금한다.[6]

4) 사도행전 16장 28절 5) 창세기 9장 6절 6) 레위기 19장 17절, 잠언 24장 11절~12절

1) **출애굽기 20장 13절** 살인하지 말라

2) **에베소서 5장 28절~29절** 이와 같이 남편들도 자기 아내 사랑하기를 자기 자신과 같이 할지니 자기 아내를 사랑하는 자는 자기를 사랑하는 것이라 누구든지 언제나 자기 육체를 미워하지 않고 오직 양육하여 보호하기를 그리스도께서 교회에게 함과 같이 하나니

3) **열왕기상 18장 4절** 이세벨이 여호와의 선지자들을 멸할 때에 오바댜가 선지자 백 명을 가지고 오십 명씩 굴에 숨기고 떡과 물을 먹였더라

   **욥기 29장 13절** 망하게 된 자도 나를 위하여 복을 빌었으며 과부의 마음이 나로 말미암아 기뻐 노래하였느니라

   **시편 82편 3절~4절** 가난한 자와 고아를 위하여 판단하며 곤란한 자와 빈궁한 자에게 공의를 베풀지며 가난한 자와 궁핍한 자를 구원하여 악인들의 손에서 건질지니라 하시는도다

4) **사도행전 16장 28절** 바울이 크게 소리 질러 이르되 네 몸을 상하지 말라 우리가 다 여기 있노라 하니

5) **창세기 9장 6절** 다른 사람의 피를 흘리면 그 사람의 피도 흘릴 것이니 이는 하나님이 자기 형상대로 사람을 지으셨음이니라

6) **레위기 19장 17절** 너는 네 형제를 마음으로 미워하지 말며 네 이웃을 반드시 견책하라 그러면 네가 그에 대하여 죄를 담당하지 아니하리라

   **잠언 24장 11절~12절** 너는 사망으로 끌려가는 자를 건져 주며 살륙을 당하게 된 자를 구원하지 아니하려고 하지 말라 네가 말하기를 나는 그것을 알지 못하였노라 할지라도 마음을 저울질하시는 이가 어찌 통찰하지 못하시겠으며 네 영혼을 지키시는 이가 어찌 알지 못하시겠느냐 그가 각 사람의 행위대로 보응하시리라

**제75문  일곱 번째 계명은 무엇인가?**

> **답**  일곱 번째 계명은 *간음하지 말라* 이다.[1]
>
> 1) 출애굽기 20장 14절

**제76문  일곱 번째 계명에서 요구하는 것은 무엇인가?**

> **답**  일곱 번째 계명은 생각과[2] 말과[3] 행동에[4] 있어서 우리 자신과 우리 이웃의 순결을[5] 지킬 것을 요구한다.
>
> 2) 디모데후서 2장 22절 3) 에베소서 5장 4절 4) 베드로전서 3장 2절 5) 데살로니가전서 4장 3절~5절, 고린도전서 7장 2절~5절, 에베소서 5장 11절~12절

**제77문  일곱 번째 계명에서 금지하는 것은 무엇인가?**

> **답**  일곱 번째 계명은 순결하지 않은 모든 생각들,[6] 말들, 행위들을 금한다.[7]
>
> 6) 마태복음 5장 28절, 마태복음 15장 19절 7) 에베소서 5장 3절~4절

1) 출애굽기 20장 14절 간음하지 말라

2) 디모데후서 2장 22절 또한 너는 청년의 정욕을 피하고 주를 깨끗한 마음으로 부르는 자들과 함께 의와 믿음과 사랑과 화평을 따르라

3) 에베소서 5장 4절 누추함과 어리석은 말이나 희롱의 말이 마땅치 아니하니 오히려 감사하는 말을 하라

4) 베드로전서 3장 2절 너희의 두려워하며 정결한 행실을 봄이라

5) 데살로니가전서 4장 3절~5절 하나님의 뜻은 이것이니 너희의 거룩함이라 곧 음란을 버리고 각각 거룩함과 존귀함으로 자기의 아내 대할 줄을 알고 하나님을 모르는 이방인과 같이 색욕을 따르지 말고

고린도전서 7장 2절~5절 음행을 피하기 위하여 남자마다 자기 아내를 두고 여자마다 자기 남편을 두라 남편은 그 아내에 대한 의무를 다하고 아내도 그 남편에게 그렇게 할지라 아내는 자기 몸을 주장하지 못하고 오직 그 남편이 하며 남편도 그와 같이 자기 몸을 주장하지 못하고 오직 그 아내가 하나니 서로 분방하지 말라 다만 기도할 틈을 얻기 위하여 합의상 얼마 동안은 하되 다시 합하라 이는 너희가 절제 못함으로 말미암아 사탄이 너희를 시험하지 못하게 하려 함이라

에베소서 5장 11절~12절 너희는 열매 없는 어둠의 일에 참여하지 말고 도리어 책망하라 그들이 은밀히 행하는 것들은 말하기도 부끄러운 것들이라

6) 마태복음 5장 28절 나는 너희에게 이르노니 음욕을 품고 여자를 보는 자마다 마음에 이미 간음하였느니라

마태복음 15장 19절 마음에서 나오는 것은 악한 생각과 살인과 간음과 음란과 도둑질과 거짓 증언과 비방이니

7) 에베소서 5장 3절~4절 음행과 온갖 더러운 것과 탐욕은 너희 중에서 그 이름조차도 부르지 말라 이는 성도에게 마땅한 바니라 누추함과 어리석은 말이나 희롱의 말이 마땅치 아니하니 오히려 감사하는 말을 하라

**제78문  여덟 번째 계명은 무엇인가?**

> **답**  여덟 번째 계명은 도둑질하지 말라 이다.[1]

> 1) 출애굽기 20장 15절

**제79문  여덟 번째 계명에서 요구하는 것은 무엇인가?**

> **답**  여덟 번째 계명은 우리 자신과 다른 사람들의 부
> 와 재산을 합법적으로 소유하고 늘릴 것을 요구
> 한다.[2]

> 2) 출애굽기 23장 4절~5절, 잠언 27장 23절, 사도행전 20장 33절~35
> 절, 빌립보서 2장 4절, 디모데전서 5장 8절(참고. 레위기 25장 35절, 신
> 명기 22장 1절~4절, 욥기 29장 11절~17절)

**제80문  여덟 번째 계명에서 금하는 것은 무엇인가?**

> **답**  여덟 번째 계명은 우리와 이웃의 부와 재산에[3]
> 부정한 방법으로 손해를 끼치려하거나 손해를
> 끼치는 것 그 모두를 금한다.[4]

> 3) 에베소서 4장 28절 4) 잠언 21장 17절, 잠언 23장 20절~21절, 잠언
> 28장 19절

1) **출애굽기 20장 15절** 도둑질하지 말라

2) **출애굽기 23장 4절~5절** 네가 만일 네 원수의 길 잃은 소나 나귀를 보거든 반드시 그 사람에게로 돌릴지며 네가 만일 너를 미워하는 자의 나귀가 짐을 싣고 엎드러짐을 보거든 그것을 버려두지 말고 그것을 도와 그 짐을 부릴지니라

**잠언 27장 23절** 네 양 떼의 형편을 부지런히 살피며 네 소 떼에게 마음을 두라

**사도행전 20장 33절~35절** 내가 아무의 은이나 금이나 의복을 탐하지 아니하였고 여러분이 아는 바와 같이 이 손으로 나와 내 동행들이 쓰는 것을 충당하여 범사에 여러분에게 모본을 보여 준 바와 같이 수고하여 약한 사람들을 돕고 또 주 예수께서 친히 말씀하신 바 주는 것이 받는 것보다 복이 있다 하심을 기억하여야 할지니라

**빌립보서 2장 4절** 각각 자기 일을 돌볼뿐더러 또한 각각 다른 사람들의 일을 돌보아 나의 기쁨을 충만하게 하라

**디모데전서 5장 8절** 누구든지 자기 친족 특히 자기 가족을 돌보지 아니하면 믿음을 배반한 자요 불신자보다 더 악한 자니라

3) **에베소서 4장 28절** 도둑질하는 자는 다시 도둑질하지 말고 돌이켜 가난한 자에게 구제할 수 있도록 자기 손으로 수고하여 선한 일을 하라

4) **잠언 21장 17절** 연락을 좋아하는 자는 가난하게 되고 술과 기름을 좋아하는 자는 부하게 되지 못하느니라

**잠언 23장 20절~21절** 술을 즐겨 하는 자들과 고기를 탐하는 자들과도 더불어 사귀지 말라 술 취하고 음식을 탐하는 자는 가난하여질 것이요 잠 자기를 즐겨 하는 자는 해어진 옷을 입을 것임이니라

**잠언 28장 19절** 자기의 토지를 경작하는 자는 먹을 것이 많으려니와 방탕을 따르는 자는 궁핍함이 많으리라

십
계
명
제
9
계
명

**제81문  아홉 번째 계명은 무엇인가?**

**답**  아홉 번째 계명은 네 이웃에 대하여 거짓 증거하지 말라 이다.[1]

1) 출애굽기 20장 16절


**제82문  아홉 번째 계명에서 요구하는 것은 무엇인가?**

**답**  아홉 번째 계명은 사람과 사람 사이에 신뢰를 유지하고 쌓을 것과[2] 우리 이웃의 선한 이름을[3] 지키고 높일 것을 요구한다. 특별히 증언함에 있어서 이것을 요구한다.[4]

2) 스가랴 8장 16절 3) 사도행전 25장 10절, 베드로전서 3장 16절, 요한 3서 1장 12절 4) 잠언 14장 5절, 25절


**제83문  아홉 번째 계명에서 금하는 것은 무엇인가?**

**답**  아홉 번째 계명은 진실에 편견을 갖게 하거나[5] 우리 자신과[6] 우리 이웃의 선한 이름에[7] 해를 끼치는 모든 것을 금한다.

5) 로마서 3장 13절 6) 욥기 27장 5절 7) 레위기 19장 16절, 시편 15편 3절

1) 출애굽기 20장 16절 네 이웃에 대하여 거짓 증거하지 말라

2) 스가랴 8장 16절 너희가 행할 일은 이러하니라 너희는 이웃과 더불어 진리를 말하며 너희 성문에서 진실하고 화평한 재판을 베풀고

3) 사도행전 25장 10절 바울이 이르되 내가 가이사의 재판 자리 앞에 섰으니 마땅히 거기서 심문을 받을 것이라 당신도 잘 아시는 바와 같이 내가 유대인들에게 불의를 행한 일이 없나이다

베드로전서 3장 16절 선한 양심을 가지라 이는 그리스도 안에 있는 너희의 선행을 욕하는 자들로 그 비방하는 일에 부끄러움을 당하게 하려 함이라

요한 3서 1장 12절 데메드리오는 뭇 사람에게도, 진리에게서도 증거를 받았으매 우리도 증언하노니 너는 우리의 증언이 참된 줄을 아느니라

4) 잠언 14장 5절, 25절 신실한 증인은 거짓말을 아니하여도 거짓 증인은 거짓말을 뱉느니라 ²⁵진실한 증인은 사람의 생명을 구원하여도 거짓말을 뱉는 사람은 속이느니라

5) 로마서 3장 13절 그들의 목구멍은 열린 무덤이요 그 혀로는 속임을 일삼으며 그 입술에는 독사의 독이 있고

6) 욥기 27장 5절 나는 결코 너희를 옳다 하지 아니하겠고 내가 죽기 전에는 나의 온전함을 버리지 아니할 것이라

7) 레위기 19장 16절 너는 네 백성 중에 돌아다니며 사람을 비방하지 말며 네 이웃의 피를 흘려 이익을 도모하지 말라 나는 여호와이니라

시편 15편 3절 그의 혀로 남을 허물하지 아니하고 그의 이웃에게 악을 행하지 아니하며 그의 이웃을 비방하지 아니하며

## 제84문 열 번째 계명은 무엇인가?

**답** 열 번째 계명은 네 이웃의 집을 탐내지 말라 네 이웃의 아내나 그의 남종이나 그의 여종이나 그의 소나 그의 나귀나 무릇 네 이웃의 소유를 탐내지 말라 이다.[1]

1) 출애굽기 20장 17절

## 제85문 열 번째 계명에서 요구하는 것은 무엇인가?

**답** 열 번째 계명은 우리의 이웃과 이웃의 모든 것들을 향하여 바르고[2] 너그러운 심정을 가지고 우리 자신의 상황에 완벽히 만족할 것을 요구한다.[3]

2) 디모데전서 6장 6절, 히브리서 13장 5절 3) 로마서 12장 15절, 고린도전서 13장 4절~7절, 디모데전서 1장 5절(참고. 욥기 31장 29절~30절)

## 제86문 열 번째 계명에서 금하는 것은 무엇인가?

**답** 열 번째 계명은 우리의 재산에 대한 모든 불만족[4]과 우리 이웃의 부를 시기하거나 배 아파하거나[5] 이웃의 것에 지나치게 동요하고 과도하게 애착을 쏟는 그 모두를 금한다.[6]

4) 고린도전서 10장 10절(참고. 열왕기상 21장 4절, 에스더 5장 13절)
5) 갈라디아서 5장 26절, 야고보서 3장 14절, 16절 6) 골로새서 3장 5절

1) **출애굽기 20장 17절** 네 이웃의 집을 탐내지 말라 네 이웃의 아내나 그의 남종이나 그의 여종이나 그의 소나 그의 나귀나 무릇 네 이웃의 소유를 탐내지 말라

2) **디모데전서 6장 6절** 그러나 자족하는 마음이 있으면 경건은 큰 이익이 되느니라

**히브리서 13장 5절** 돈을 사랑하지 말고 있는 바를 족한 줄로 알라 그가 친히 말씀하시기를 내가 결코 너희를 버리지 아니하고 너희를 떠나지 아니하리라 하셨느니라

3) **로마서 12장 15절** 즐거워하는 자들과 함께 즐거워하고 우는 자들과 함께 울라

**고린도전서 13장 4절~7절** 사랑은 오래 참고 사랑은 온유하며 시기하지 아니하며 사랑은 자랑하지 아니하며 교만하지 아니하며 무례히 행하지 아니하며 자기의 유익을 구하지 아니하며 성내지 아니하며 악한 것을 생각하지 아니하며 불의를 기뻐하지 아니하며 진리와 함께 기뻐하고 모든 것을 참으며 모든 것을 믿으며 모든 것을 바라며 모든 것을 견디느니라

**디모데전서 1장 5절** 이 교훈의 목적은 청결한 마음과 선한 양심과 거짓이 없는 믿음에서 나오는 사랑이거늘

4) **고린도전서 10장 10절** 그들 가운데 어떤 사람들이 원망하다가 멸망시키는 자에게 멸망하였나니 너희는 그들과 같이 원망하지 말라

5) **갈라디아서 5장 26절** 헛된 영광을 구하여 서로 노엽게 하거나 서로 투기하지 말지니라

**야고보서 3장 14절, 16절** 그러나 너희 마음 속에 독한 시기와 다툼이 있으면 자랑하지 말라 진리를 거슬러 거짓말하지 말라 [16]시기와 다툼이 있는 곳에는 혼란과 모든 악한 일이 있음이라

6) **골로새서 3장 5절** 그러므로 땅에 있는 지체를 죽이라 곧 음란과 부정과 사욕과 악한 정욕과 탐심이니 탐심은 우상 숭배니라

**제87문  사람이 하나님의 계명들을 완벽하게 지킬 수 있는 가?**

**답** 그 누구도 타락 이후에 이 세상에서 하나님의 계명들을 완벽하게 지킬 수 없다.[1] 오히려 생각, 말, 행동으로 매일 그 계명들을 어긴다.[2]

1) 전도서 7장 20절 2) 창세기 6장 5절, 창세기 8장 21절, 로마서 3장 23절, 야고보서 3장 2절, 8절(참고. 로마서 3장 9절~20절, 야고보서 3장 2절~12절)

**제88문  어떤 계명을 어기든지 간에 계명을 어기는 짓은 다 똑같이 가증스러운 일인가?**

**답** 몇몇 죄는 본질적으로 그리고 여러 가지로 더 악한 이유로 인해 하나님의 눈에 다른 죄들 보다 더 가증스럽다.[3]

3) 에스겔 8장 6절, 13절, 15절, 요한복음 19장 11절

1) **전도서 7장 20절** 선을 행하고 전혀 죄를 범하지 아니하는 의인은 세상에 없기 때문이로다

2) **창세기 6장 5절** 여호와께서 사람의 죄악이 세상에 가득함과 그의 마음으로 생각하는 모든 계획이 항상 악할 뿐임을 보시고

   **창세기 8장 21절** 여호와께서 그 향기를 받으시고 그 중심에 이르시되 내가 다시는 사람으로 말미암아 땅을 저주하지 아니하리니 이는 사람의 마음이 계획하는 바가 어려서부터 악함이라 내가 전에 행한 것 같이 모든 생물을 다시 멸하지 아니하리니

   **로마서 3장 23절** 모든 사람이 죄를 범하였으매 하나님의 영광에 이르지 못하더니

   **야고보서 3장 2절, 8절** 우리가 다 실수가 많으니 만일 말에 실수가 없는 자라면 곧 온전한 사람이라 능히 온 몸도 굴레 씌우리라 [8] 혀는 능히 길들일 사람이 없나니 쉬지 아니하는 악이요 죽이는 독이 가득한 것이라

3) **에스겔 8장 6절, 13절, 15절** 그가 또 내게 이르시되 인자야 이스라엘 족속이 행하는 일을 보느냐 그들이 여기에서 크게 가증한 일을 행하여 나로 내 성소를 멀리 떠나게 하느니라 너는 다시 다른 큰 가증한 일을 보리라 하시더라 [13] 또 내게 이르시되 너는 다시 그들이 행하는 바 다른 큰 가증한 일을 보리라 하시더라 [15] 그가 또 내게 이르시되 인자야 네가 그것을 보았느냐 너는 또 이보다 더 큰 가증한 일을 보리라 하시더라

   **요한복음 19장 11절** 예수께서 대답하시되 위에서 주지 아니하셨더라면 나를 해할 권한이 없었으리니 그러므로 나를 네게 넘겨 준 자의 죄는 더 크다 하시니라

**제89문** 모든 죄가 마땅히 받아야 하는 것은 무엇인가?

**답** 모든 죄는 이 세상과 앞으로 올 세상의 생에서 하나님의 진노와 저주를 받아 마땅하다.[1]

1) 예레미야애가 3장 39절, 마태복음 25장 41절, 갈라디아서 3장 10절, 에베소서 5장 6절

**제90문** 우리가 죄로 인해 마땅히 받아야 하는 하나님의 진노와 저주를 피할 수 있는 방도로, 하나님께서 우리에게 요구하시는 것은 무엇인가?

**답** 죄로 인해 당연히 받아야 하는 하나님의 진노와 저주를 피하기 위해, 하나님께서는 우리에게 예수 그리스도를 믿는 믿음, 생명을 얻는 회개를 요구하신다. 그리고 동시에 하나님께서는 그리스도께서 구원의 유익들을 우리에게 주시기 위해 정해주신 모든 외적인 수단을 부지런히 활용할 것을 요구하신다.[2]

2) 요한복음 3장 16절, 사도행전 4장 12절, 로마서 1장 16절

1) 예레미야애가 3장 39절 살아 있는 사람은 자기 죄들 때문에 벌을 받나니 어찌 원망하랴

마태복음 25장 41절 또 왼편에 있는 자들에게 이르시되 저주를 받은 자들아 나를 떠나 마귀와 그 사자들을 위하여 예비된 영원한 불에 들어가라

갈라디아서 3장 10절 무릇 율법 행위에 속한 자들은 저주 아래에 있나니 기록된 바 누구든지 율법 책에 기록된 대로 모든 일을 항상 행하지 아니하는 자는 저주 아래에 있는 자라 하였음이라

에베소서 5장 6절 누구든지 헛된 말로 너희를 속이지 못하게 하라 이로 말미암아 하나님의 진노가 불순종의 아들들에게 임하나니

2) 요한복음 3장 16절 하나님이 세상을 이처럼 사랑하사 독생자를 주셨으니 이는 그를 믿는 자마다 멸망하지 않고 영생을 얻게 하려 하심이라

사도행전 4장 12절 다른 이로써는 구원을 받을 수 없나니 천하 사람 중에 구원을 받을 만한 다른 이름을 우리에게 주신 일이 없음이라 하였더라

로마서 1장 16절 내가 복음을 부끄러워하지 아니하노니 이 복음은 모든 믿는 자에게 구원을 주시는 하나님의 능력이 됨이라 먼저는 유대인에게요 그리고 헬라인에게로다

**제91문  예수 그리스도를 믿는 믿음은 무엇인가?**

**답**  예수 그리스도를 믿는 믿음은 구원하는 은혜[1]이다. 이 은혜로 우리는 오직 그리스도만을 받아들이고[2] 그리스도께만 의지하는데 이는 구원을 위함이다.[3] 그리고 그리스도께서는 복음 안에서 우리에게 전해진다.[4]

1) 에베소서 2장 8절~9절 2) 요한복음 1장 12절 3) 빌립보서 3장 9절(참고. 갈라디아서 2장 16절) 4) 로마서 10장 14절, 17절

**제92문  생명에 이르는 회개는 무엇인가?**

**답**  생명에 이르는 회개는 구원하는 은혜이다.[5] 이 은혜로 죄인은 자신의 죄를 바로 인식하고[6] 그리스도 안에서 하나님의 자비를 이해하여,[7] 자신의 죄를 비통해 하고 미워하는 마음을 가지고, 죄로부터 하나님께 돌이킨다.[8] 그리고 이 죄인은 새로운 순종을 완전한 목표로 삼고 최선을 다해 순종해야 한다.[9]

5) 사도행전 11장 18절 6) 사도행전 2장 37절~38절 7) 요엘 2장 12절 ~13절 8) 에스겔 36장 31절(참고. 예레미야 31장 18절~19절) 9) 시편 119편 59절

1) **에베소서 2장 8절~9절** 너희는 그 은혜에 의하여 믿음으로 말미암아 구원을 받았으니 이것은 너희에게서 난 것이 아니요 하나님의 선물이라 행위에서 난 것이 아니니 이는 누구든지 자랑하지 못하게 함이라

2) **요한복음 1장 12절** 영접하는 자 곧 그 이름을 믿는 자들에게는 하나님의 자녀가 되는 권세를 주셨으니

3) **빌립보서 3장 9절** 그 안에서 발견되려 함이니 내가 가진 의는 율법에서 난 것이 아니요 오직 그리스도를 믿음으로 말미암은 것이니 곧 믿음으로 하나님께로부터 난 의라

4) **로마서 10장 14절, 17절** 그런즉 그들이 믿지 아니하는 이를 어찌 부르리요 듣지도 못한 이를 어찌 믿으리요 전파하는 자가 없이 어찌 들으리요 [17]그러므로 믿음은 들음에서 나며 들음은 그리스도의 말씀으로 말미암았느니라

5) **사도행전 11장 18절** 그들이 이 말을 듣고 잠잠하여 하나님께 영광을 돌려 이르되 그러면 하나님께서 이방인에게도 생명 얻는 회개를 주셨도다 하니라

6) **사도행전 2장 37절~38절** 그들이 이 말을 듣고 마음에 찔려 베드로와 다른 사도들에게 물어 이르되 형제들아 우리가 어찌할꼬 하거늘 베드로가 이르되 너희가 회개하여 각각 예수 그리스도의 이름으로 세례를 받고 죄 사함을 받으라 그리하면 성령의 선물을 받으리니

7) **요엘 2장 12절~13절** 여호와의 말씀에 너희는 이제라도 금식하고 울며 애통하고 마음을 다하여 내게로 돌아오라 하셨나니 너희는 옷을 찢지 말고 마음을 찢고 너희 하나님 여호와께로 돌아올지어다 그는 은혜로우시며 자비로우시며 노하기를 더디하시며 인애가 크시사 뜻을 돌이켜 재앙을 내리지 아니하시나니

8) **에스겔 36장 31절** 그 때에 너희가 너희 악한 길과 너희 좋지 못한 행위를 기억하고 너희 모든 죄악과 가증한 일로 말미암아 스스로 밉게 보리라

9) **시편 119편 59절** 내가 내 행위를 생각하고 주의 증거들을 향하여 내 발길을 돌이켰사오며

**제93문** 그리스도께서 우리에게 구원의 유익들을 전해주시려고 사용하시는 외적인 수단은 무엇인가?

**답** 그리스도께서 우리에게 구원의 유익들을 전해주시려고 사용하시는 외적이고 일반적인 수단은 그리스도의 명령들, 특별히 말씀, 침례, 주의 만찬 그리고 기도이다.[1] 이러한 모든 수단은 구원을 위해 택자에게 효력이 있다.

1) 마태복음 28장 19절~20절, 사도행전 2장 41절~42절, 사도행전 2장 46절~47절

**제94문** 성경이 어떻게 구원을 얻는데 효력을 가지는가?

**답** 성령님께서는 말씀을 읽는 것을,[2] 특별히 설교를 효과적인 수단으로 삼으셔서,[3] 사람들에게 죄를 깨닫게 하시고 회심하게 하시고[4] 그들을 거룩하게 하시고 평안하게 하셔서,[5] 그들이 믿어 구원에 이르게 하신다.[6]

2) 느헤미야 8장 8절, 디모데전서 4장 13절, 16절 3) 로마서 10장 13절~17절, 고린도전서 1장 21절 4) 시편 19편 7절~8절, 고린도전서 14장 24절~25절 5) 사도행전 20장 32절, 로마서 15장 4절, 데살로니가전서 1장 6절 6) 로마서 1장 16절, 디모데후서 3장 15절~17절

**제95문** 성경이 구원에 효력을 미칠 수 있으려면, 어떻게 말씀을 읽고 들어야 하는가?

**답** 성경이 구원에 효력을 미칠 수 있으려면, 우리는 반드시 부지런함과[7] 준비된 마음[8] 그리고 기도로[9] 말씀에 집중해야만 하고, 반드시 믿음과[10] 사랑으로[11] 말씀을 받아들이고 말씀을 우리의 마음에 단단히 세우고[12] 우리의 일상생활에서 실천해야만 한다.[13]

7) 잠언 8장 34절 8) 베드로전서 2장 1절~2절 9) 시편 119편 18절 10) 히브리서 4장 2절 11) 데살로니가후서 2장 10절 12)시편 119편 11절 13) 누가복음 8장 15절, 야고보서 1장 25절

1) **마태복음 28장 19절~20절** 그러므로 너희는 가서 모든 민족을 제자로 삼아 아버지와 아들과 성령의 이름으로 세례를 베풀고 내가 너희에게 분부한 모든 것을 가르쳐 지키게 하라 볼지어다 내가 세상 끝날까지 너희와 항상 함께 있으리라 하시니라

**사도행전 2장 41절~42절** 그 말을 받은 사람들은 세례를 받으매 이 날에 신도의 수가 삼천이나 더하더라 그들이 사도의 가르침을 받아 서로 교제하고 떡을 떼며 오로지 기도하기를 힘쓰니라

**사도행전 2장 46절~47절** 날마다 마음을 같이하여 성전에 모이기를 힘쓰고 집에서 떡을 떼며 기쁨과 순전한 마음으로 음식을 먹고 하나님을 찬미하며 또 온 백성에게 칭송을 받으니 주께서 구원 받는 사람을 날마다 더하게 하시니라

2) **느헤미야 8장 8절** 하나님의 율법책을 낭독하고 그 뜻을 해석하여 백성에게 그 낭독하는 것을 다 깨닫게 하니

**디모데전서 4장 13절, 16절** 내가 이를 때까지 읽는 것과 권하는 것과 가르치는 것에 전념하라 [16]네가 네 자신과 가르침을 살펴 이 일을 계속하라 이것을 행함으로 네 자신과 네게 듣는 자를 구원하리라

3) **로마서 10장 13절~17절** 누구든지 주의 이름을 부르는 자는 구원을 받으리라 그런즉 그들이 믿지 아니하는 이를 어찌 부르리요 듣지도 못한 이를 어찌 믿으리요 전파하는 자가 없이 어찌 들으리요 보내심을 받지 아니하였으면 어찌 전파하리요 기록된 바 아름답도다 좋은 소식을 전하는 자들의 발이여 함과 같으니라 그러나 그들이 다 복음을 순종하지 아니하였도다 이사야가 이르되 주여 우리가 전한 것을 누가 믿었나이까 하였으니 그러므로 믿음은 들음에서 나며 들음은 그리스도의 말씀으로 말미암았느니라

**고린도전서 1장 21절** 하나님의 지혜에 있어서는 이 세상이 자기 지혜로 하나님을 알지 못하므로 하나님께서 전도의 미련한 것으로 믿는 자들을 구원하시기를 기뻐하셨도다

4) **시편 19편 7절~8절** 여호와의 율법은 완전하여 영혼을 소성시키

며 여호와의 증거는 확실하여 우둔한 자를 지혜롭게 하며 여호와의 교훈은 정직하여 마음을 기쁘게 하고 여호와의 계명은 순결하여 눈을 밝게 하시도다

**고린도전서 14장 24절~25절** 그러나 다 예언을 하면 믿지 아니하는 자들이나 알지 못하는 자들이 들어와서 모든 사람에게 책망을 들으며 모든 사람에게 판단을 받고 그 마음의 숨은 일들이 드러나게 되므로 엎드리어 하나님께 경배하며 하나님이 참으로 너희 가운데 계신다 전파하리라

5) **사도행전 20장 32절** 지금 내가 여러분을 주와 및 그 은혜의 말씀에 부탁하노니 그 말씀이 여러분을 능히 든든히 세우사 거룩하게 하심을 입은 모든 자 가운데 기업이 있게 하시리라

**로마서 15장 4절** 무엇이든지 전에 기록된 바는 우리의 교훈을 위하여 기록된 것이니 우리로 하여금 인내로 또는 성경의 위로로 소망을 가지게 함이니라

**데살로니가전서 1장 6절** 또 너희는 많은 환난 가운데서 성령의 기쁨으로 말씀을 받아 우리와 주를 본받은 자가 되었으니

6) **로마서 1장 16절** 내가 복음을 부끄러워하지 아니하노니 이 복음은 모든 믿는 자에게 구원을 주시는 하나님의 능력이 됨이라 먼저는 유대인에게요 그리고 헬라인에게로다

**디모데후서 3장 15절~17절** 또 어려서부터 성경을 알았나니 성경은 능히 너로 하여금 그리스도 예수 안에 있는 믿음으로 말미암아 구원에 이르는 지혜가 있게 하느니라 모든 성경은 하나님의 감동으로 된 것으로 교훈과 책망과 바르게 함과 의로 교육하기에 유익하니 이는 하나님의 사람으로 온전하게 하며 모든 선한 일을 행할 능력을 갖추게 하려 함이라

7) **잠언 8장 34절** 누구든지 내게 들으며 날마다 내 문 곁에서 기다리며 문설주 옆에서 기다리는 자는 복이 있나니

8) **베드로전서 2장 1절~2절** 그러므로 모든 악독과 모든 기만과 외식과 시기와 모든 비방하는 말을 버리고 갓난 아기들 같이 순전하고 신령한 젖을 사모하라 이는 그로 말미암아 너희로 구원에

이르도록 자라게 하려 함이라

9) **시편 119편 18절** 내 눈을 열어서 주의 율법에서 놀라운 것을 보게 하소서

10) **히브리서 4장 2절** 그들과 같이 우리도 복음 전함을 받은 자이나 들은 바 그 말씀이 그들에게 유익하지 못한 것은 듣는 자가 믿음과 결부시키지 아니함이라

11) **데살로니가후서 2장 10절** 불의의 모든 속임으로 멸망하는 자들에게 있으리니 이는 그들이 진리의 사랑을 받지 아니하여 구원함을 받지 못함이라

12) **시편 119편 11절** 내가 주께 범죄하지 아니하려 하여 주의 말씀을 내 마음에 두었나이다

13) **누가복음 8장 15절** 좋은 땅에 있다는 것은 착하고 좋은 마음으로 말씀을 듣고 지키어 인내로 결실하는 자니라

**야고보서 1장 25절** 자유롭게 하는 온전한 율법을 들여다보고 있는 자는 듣고 잊어버리는 자가 아니요 실천하는 자니 이 사람은 그 행하는 일에 복을 받으리라

**제96문** **침례와 주의 만찬이 어떻게 구원의 효력이 있는 수단이 되는가?**

**답** 침례와 주의 만찬은 구원의 효력 있는 수단이다. 침례와 주의 만찬 그 자체의 힘 또는 집례자의 어떤 힘으로 인한 것이 아니라[1] 침례와 주의 만찬을 믿음으로 받아들이는 사람들 안에 그리스도께서 복주시고 성령님께서 역사하심으로 침례와 주의 만찬은 효력 있는 수단이 된다.[2]

1) 고린도전서 3장 6절~7절 2) 베드로전서 3장 21절

**제97문** **침례는 무엇인가?**

**답** 침례는 예수 그리스도가 제정하신 신약 시대의 의식이다.[3] 침례 받은 당사자에게 침례는 그리스도의 죽음, 장사되심, 그 부활에 있어서 그리스도와 연합되어 있다는 표시이고 그리스도에게 접붙여졌고 죄들을 용서받는다는 표시이다. 그리고 침례는 예수 그리스도를 통하여 자기 자신을 하나님께 내어 맡긴다는 의식이다. 그래서 침례 받은 사람은 새로운 인생을 살고 걸어가게 된다.[4]

3) 마태복음 28장 19절 4) 로마서 6장 3절~4절, 갈라디아서 3장 26절~27절, 골로새서 2장 12절

1) **고린도전서 3장 6절~7절** 나는 심었고 아볼로는 물을 주었으되 오직 하나님께서 자라나게 하셨나니 그런즉 심는 이나 물 주는 이는 아무 것도 아니로되 오직 자라게 하시는 이는 하나님뿐이니라

2) **베드로전서 3장 21절** 물은 예수 그리스도께서 부활하심으로 말미암아 이제 너희를 구원하는 표니 곧 세례라 이는 육체의 더러운 것을 제하여 버림이 아니요 하나님을 향한 선한 양심의 간구니라

3) **마태복음 28장 19절** 그러므로 너희는 가서 모든 민족을 제자로 삼아 아버지와 아들과 성령의 이름으로 세례를 베풀고

4) **로마서 6장 3절~4절** 무릇 그리스도 예수와 합하여 세례를 받은 우리는 그의 죽으심과 합하여 세례를 받은 줄을 알지 못하느냐 그러므로 우리가 그의 죽으심과 합하여 세례를 받음으로 그와 함께 장사되었나니 이는 아버지의 영광으로 말미암아 그리스도를 죽은 자 가운데서 살리심과 같이 우리로 또한 새 생명 가운데서 행하게 하려 함이라

**갈라디아서 3장 26절~27절** 너희가 다 믿음으로 말미암아 그리스도 예수 안에서 하나님의 아들이 되었으니 누구든지 그리스도와 합하기 위하여 세례를 받은 자는 그리스도로 옷 입었느니라

**골로새서 2장 12절** 너희가 세례로 그리스도와 함께 장사되고 또 죽은 자들 가운데서 그를 일으키신 하나님의 역사를 믿음으로 말미암아 그 안에서 함께 일으키심을 받았느니라

**제98문  침례는 어떤 사람에게 베풀어져야 되는가?**

**답**  침례는 실제로 하나님께 회개하고[1] 우리 주 예수
그리스도를 믿고 순종하겠다고 고백하는 모든
사람에게 베풀어져야 한다.[2] 그 이외에 다른 어
떤 사람에게도 베풀어져서는 안 된다.

1) 사도행전 2장 38절, 사도행전 2장 41절 2) 마가복음 16장 16절, 사도
행전 8장 12절

**제99문  고백한 신자의 어린 자녀들도 침례를 받아야만 되
는가?**

**답**  고백한 신자의 어린 자녀들은 침례를 받아서는
안 된다. 그 까닭은 성경에는 명령도 모범도 없으
며 또한 성경에서 어린 자녀들에게 침례를 베풀
었다는 확실한 결론을 이끌어내지 못하기 때문
이다.[3]

3) 신명기 12장 32절, 잠언 30장 6절, 사도행전 8장 12절, 사도행전 10
장 47절~48절

1) **사도행전 2장 38절** 베드로가 이르되 너희가 회개하여 각각 예수 그리스도의 이름으로 세례를 받고 죄 사함을 받으라 그리하면 성령의 선물을 받으리니

   **사도행전 2장 41절** 그 말을 받은 사람들은 세례를 받으매 이 날에 신도의 수가 삼천이나 더하더라

2) **마가복음 16장 16절** 믿고 세례를 받는 사람은 구원을 얻을 것이요 믿지 않는 사람은 정죄를 받으리라

   **사도행전 8장 12절** 빌립이 하나님 나라와 및 예수 그리스도의 이름에 관하여 전도함을 그들이 믿고 남녀가 다 세례를 받으니

3) **신명기 12장 32절** 내가 너희에게 명령하는 이 모든 말을 너희는 지켜 행하고 그것에 가감하지 말지니라

   **잠언 30장 6절** 너는 그의 말씀에 더하지 말라 그가 너를 책망하시겠고 너는 거짓말하는 자가 될까 두려우니라

   **사도행전 8장 12절** 빌립이 하나님 나라와 및 예수 그리스도의 이름에 관하여 전도함을 그들이 믿고 남녀가 다 세례를 받으니

   **사도행전 10장 47절~48절** 이에 베드로가 이르되 이 사람들이 우리와 같이 성령을 받았으니 누가 능히 물로 세례 베풂을 금하리요 하고 명하여 예수 그리스도의 이름으로 세례를 베풀라 하니라 그들이 베드로에게 며칠 더 머물기를 청하니라

## 제100문 침례를 올바르게 집례 하는 방식은 무엇인가?

**답** 침례는 침수 즉, 침례 받는 자의 온 몸을 물에 담그는 방식으로, 성부와 성자 그리고 성령님의 이름으로 베풀어지는 것이 올바른 집례방식이다.[1] 이 방식이 그리스도의 제정하심과 사도들의 모범에 따르는 것이다.[2] 인간의 전통을 따라 물을 뿌리거나 붓는 방식 또는 몸의 일부분만 담그는 것은 올바른 집례 방식이 아니다.

1) 마태복음 3장 16절, 요한복음 3장 23절 2) 사도행전 8장 38절~39절

## 제101문 올바르게 침례 받은 사람들의 의무는 무엇인가?

**답** 올바르게 침례 받은 사람들의 의무는 그들 자신을 예수 그리스도의 질서 있는 지역 교회에 헌신하여[3] 주님의 모든 명령들과 규례들을 흠 없이 지키며 걸어가는 것이다.[4]

3) 사도행전 2장 47절, 사도행전 9장 26절, 베드로전서 2장 5절 4) 누가복음 1장 6절

벤자민 벧돔 신앙문답

1) **마태복음 3장 16절** 예수께서 세례를 받으시고 곧 물에서 올라오실새 하늘이 열리고 하나님의 성령이 비둘기 같이 내려 자기 위에 임하심을 보시더니

**요한복음 3장 23절** 요한도 살렘 가까운 애논에서 세례를 베푸니 거기 물이 많음이라 그러므로 사람들이 와서 세례를 받더라

2) **사도행전 8장 38절~39절** 이에 명하여 수레를 멈추고 빌립과 내시가 둘 다 물에 내려가 빌립이 세례를 베풀고 둘이 물에서 올라올새 주의 영이 빌립을 이끌어간지라 내시는 기쁘게 길을 가므로 그를 다시 보지 못하니라

3) **사도행전 2장 47절** 하나님을 찬미하며 또 온 백성에게 칭송을 받으니 주께서 구원 받는 사람을 날마다 더하게 하시니라

**사도행전 9장 26절** 사울이 예루살렘에 가서 제자들을 사귀고자 하나 다 두려워하여 그가 제자 됨을 믿지 아니하니

**베드로전서 2장 5절** 너희도 산 돌 같이 신령한 집으로 세워지고 예수 그리스도로 말미암아 하나님이 기쁘게 받으실 신령한 제사를 드릴 거룩한 제사장이 될지니라

4) **누가복음 1장 6절** 이 두 사람이 하나님 앞에 의인이니 주의 모든 계명과 규례대로 흠이 없이 행하더라

주의 만찬

## 제102문 주의 만찬은 무엇인가?

**답** 주의 만찬은 예수 그리스도가 제정하신 신약 시대의
의식이다. 그리스도의 정하심에 따라 주의 만찬의 빵
과 포도주를 나눔으로써 그리스도의 죽음을 드러낸
다.[1] 그리고 주의 만찬에 참여할 자격이 되는 사람들
은 육적이고 세속적인 방식을 따르지 않고 믿음으로
그리스도의 몸과 피에 참여하여 그리스도께서 주시는
모든 유익들을 누리고 은혜 안에서 영적인 영양분을
공급받고 자란다.[2]

1) 고린도전서 11장 23절~26절 2) 고린도전서 10장 16절

## 제103문 누가 주의 만찬에 합당한 참여자인가?

**답** 예수 그리스도를 믿는 믿음을 직접 고백하고 죽을 만
한 일들을 회개한 후에 침례를 받은 사람들이 주의 만
찬에 합당한 참여자이다.[3]

3) 사도행전 2장 41절~42절

## 제104문 주의 만찬에 합당하게 참여하기 위해 무엇이 요구되는가?

**답** 주의 만찬에 합당하게 참여하는 사람들에게 요구되는
것은 그들이 스스로 주님의 몸을 분별하는 지식과[4] 그
리스도로 인해 자라는 그들의 믿음과[5] 회개와 사랑[6]
그리고 새로운 순종이 있는지 살펴야 한다. 이는 자격
없이 참여하여, 자기에게 주어지는 심판을 먹고 마시
지 않도록 하기 위한 것이다.[7]

4) 고린도전서 11장 28절~29절 5) 고린도후서 13장 5절 6) 고린도전서
11장 17절 7) 고린도전서 11장 27절~29절

벤자민 벧돔 신앙문답

1) **고린도전서 11장 23절~26절** 내가 너희에게 전한 것은 주께 받은 것이니 곧 주 예수께서 잡히시던 밤에 떡을 가지사 축사하시고 떼어 이르시되 이것은 너희를 위하는 내 몸이니 이것을 행하여 나를 기념하라 하시고 식후에 또한 그와 같이 잔을 가지시고 이르시되 이 잔은 내 피로 세운 새 언약이니 이것을 행하여 마실 때마다 나를 기념하라 하셨으니 너희가 이 떡을 먹으며 이 잔을 마실 때마다 주의 죽으심을 그가 오실 때까지 전하는 것이니라

2) **고린도전서 10장 16절** 우리가 축복하는 바 축복의 잔은 그리스도의 피에 참여함이 아니며 우리가 떼는 떡은 그리스도의 몸에 참여함이 아니냐

3) **사도행전 2장 41절~42절** 그 말을 받은 사람들은 세례를 받으매 이 날에 신도의 수가 삼천이나 더하더라 그들이 사도의 가르침을 받아 서로 교제하고 떡을 떼며 오로지 기도하기를 힘쓰니라

4) **고린도전서 11장 28절~29절** 사람이 자기를 살피고 그 후에야 이 떡을 먹고 이 잔을 마실지니 주의 몸을 분별하지 못하고 먹고 마시는 자는 자기의 죄를 먹고 마시는 것이니라

5) **고린도후서 13장 5절** 너희는 믿음 안에 있는가 너희 자신을 시험하고 너희 자신을 확증하라 예수 그리스도께서 너희 안에 계신 줄을 너희가 스스로 알지 못하느냐 그렇지 않으면 너희는 버림 받은 자니라

6) **고린도전서 11장 17절** 내가 명하는 이 일에 너희를 칭찬하지 아니하나니 이는 너희의 모임이 유익이 못되고 도리어 해로움이라

7) **고린도전서 11장 27절~29절** 그러므로 누구든지 주의 떡이나 잔을 합당하지 않게 먹고 마시는 자는 주의 몸과 피에 대하여 죄를 짓는 것이니라 사람이 자기를 살피고 그 후에야 이 떡을 먹고 이 잔을 마실지니 주의 몸을 분별하지 못하고 먹고 마시는 자는 자기의 죄를 먹고 마시는 것이니라

## 제105문 기도는 무엇인가?

**답** 기도는 우리의 바람들을 하나님께[1] 올려드리는 행위이다. 이는 성령님의 도움으로,[2] 하나님의 뜻과 일치하는 바람들을[3] 그리스도의 이름으로,[4] 그리고 믿음으로 올려드리는 것이다. 동시에 우리의 죄들을 자백하고[5] 그리스도의 자비들을 감사히 인정하는 것을 포함한다.[6]

1) 시편 62편 8절 2) 로마서 8장 26절 3) 요한1서 5장 14절 4) 요한복음 16장 23절 5) 다니엘 9장 4절(참고. 시편 32편 5절~6절) 6) 빌립보서 4장 6절

## 제106문 하나님께서는 기도의 지침으로 우리에게 어떤 규칙을 주셨는가?

**답** 하나님의 모든 말씀은 우리에게 기도의 지침으로 쓰인다.[7] 그러나 이 지침의 특별한 규칙은 그리스도께서 자신의 제자들에게 가르치셨던 바로 그 기도, 주기도문이다.[8]

7) 요한1서 5장 14절 8) 마태복음 6장 9절,13절, 누가복음 11장 2절~4절

1) 시편 62편 8절 백성들아 시시로 그를 의지하고 그의 앞에 마음을
토하라 하나님은 우리의 피난처시로다 (셀라)

2) 로마서 8장 26절 이와 같이 성령도 우리의 연약함을 도우시나니
우리는 마땅히 기도할 바를 알지 못하나 오직 성령이 말할 수
없는 탄식으로 우리를 위하여 친히 간구하시느니라

3) 요한1서 5장 14절 그를 향하여 우리가 가진 바 담대함이 이것이
니 그의 뜻대로 무엇을 구하면 들으심이라

4) 요한복음 16장 23절 그 날에는 너희가 아무 것도 내게 묻지 아니
하리라 내가 진실로 진실로 너희에게 이르노니 너희가 무엇이
든지 아버지께 구하는 것을 내 이름으로 주시리라

5) 다니엘 9장 4절 내 하나님 여호와께 기도하며 자복하여 이르기를
크시고 두려워할 주 하나님, 주를 사랑하고 주의 계명을 지키는
자를 위하여 언약을 지키시고 그에게 인자를 베푸시는 이시여

6) 빌립보서 4장 6절 아무 것도 염려하지 말고 다만 모든 일에 기도
와 간구로, 너희 구할 것을 감사함으로 하나님께 아뢰라

7) 요한1서 5장 14절 그를 향하여 우리가 가진 바 담대함이 이것이
니 그의 뜻대로 무엇을 구하면 들으심이라

8) 마태복음 6장 9절, 13절 그러므로 너희는 이렇게 기도하라 하늘에
계신 우리 아버지여 이름이 거룩히 여김을 받으시오며 [13]우리
를 시험에 들게 하지 마시옵고 다만 악에서 구하시옵소서 (나
라와 권세와 영광이 아버지께 영원히 있사옵나이다 아멘

누가복음 11장 2절~4절 예수께서 이르시되 너희는 기도할 때에
이렇게 하라 아버지여 이름이 거룩히 여김을 받으시오며 나라
가 임하시오며 우리에게 날마다 일용할 양식을 주시옵고 우리
가 우리에게 죄 지은 모든 사람을 용서하오니 우리 죄도 사하
여 주시옵고 우리를 시험에 들게 하지 마시옵소서 하라

## 제107문 주기도문 서문이 우리에게 무엇을 가르치는가?

**답** 주기도문의 서문 *하늘에 계신 우리 아버지여*[1]는 마치 자녀가 아버지께 나아가듯이 우리를 도와 주실 능력과 준비가 되신 하나님께 거룩한 경외와 신뢰를 가지고, 가까이 나아가야 한다는 사실을 우리에게 가르친다.[2] 그리고 우리는 마땅히 다른 성도들과 함께 그들을 위해 기도해야 한다는 사실도 가르친다.[3]

1) 마태복음 6장 9절 2) 이사야 64장 9절, 누가복음 11장 13절, 로마서 8장 15절 3) 디모데전서 2장 1절~2절

## 제108문 첫 번째 간구에서 우리는 무엇을 기도하는가?

**답** 첫 번째 간구 *이름이 거룩히 여김을 받으시오며*[4]에서, 우리는 하나님께서 자기 자신을 알리시는 모든 일에 있어서 우리와 다른 성도들이 하나님께 영광 돌릴 수 있도록 힘주시길 기도하고[5] 하나님께서 모든 것을 자신의 영광을 위해서 이루시길 기도한다.[6]

4) 마태복음 6장 9절 5) 시편 67편 1절~3절 6) 로마서 11장 36절

1) **마태복음 6장 9절** 그러므로 너희는 이렇게 기도하라 하늘에 계신 우리 아버지여 이름이 거룩히 여김을 받으시오며

2) **이사야 64장 9절** 여호와여, 너무 분노하지 마시오며 죄악을 영원히 기억하지 마시옵소서 구하오니 보시옵소서 보시옵소서 우리는 다 주의 백성이니이다

**누가복음 11장 13절** 너희가 악할지라도 좋은 것을 자식에게 줄 줄 알거든 하물며 너희 하늘 아버지께서 구하는 자에게 성령을 주시지 않겠느냐 하 시니라

**로마서 8장 15절** 너희는 다시 무서워하는 종의 영을 받지 아니하고 양자의 영을 받았으므로 우리가 아빠 아버지라고 부르짖느니라

3) **디모데전서 2장 1절~2절** 그러므로 내가 첫째로 권하노니 모든 사람을 위하여 간구와 기도와 도고와 감사를 하되 임금들과 높은 지위에 있는 모든 사람을 위하여 하라 이는 우리가 모든 경건과 단정함으로 고요하고 평안한 생활을 하려 함이라

4) **마태복음 6장 9절** 그러므로 너희는 이렇게 기도하라 하늘에 계신 우리 아버지여 이름이 거룩히 여김을 받으시오며

5) **시편 67편 1절~3절** 하나님은 우리에게 은혜를 베푸사 복을 주시고 그의 얼굴 빛을 우리에게 비추사 (셀라) 주의 도를 땅 위에, 주의 구원을 모든 나라에게 알리소서 하나님이여 민족들이 주를 찬송하게 하시며 모든 민족들이 주를 찬송하게 하소서

6) **로마서 11장 36절** 이는 만물이 주에게서 나오고 주로 말미암고 주에게로 돌아감이라 그에게 영광이 세세에 있을지어다 아멘

**제109문 두 번째 간구에서 우리는 무엇을 위해 기도하는가?**

**답** 두 번째 간구 나라이 임하옵시며[1]에서, 우리는 사
탄의 왕국이 파괴되고[2] 은혜의 왕국이 확장되고
[3] 우리자신과 다른 성도들이 들어가 살아야 하는
은혜의 왕국이 발전하고 급히 오도록 기도한다.[4]

1) 마태복음 6장 10절 2) 시편 68편 1절 3) 요한계시록 12장 10절~11절
4) 요한계시록 22장 20절

**제110문 세 번째 간구에서 우리는 무엇을 위해 기도하는가?**

**답** 세 번째 간구 뜻이 하늘에서 이루어진 것 같이 땅
에서도 이루어지이다[5]에서, 우리는 천사가 하늘
에서 하듯이[6] 하나님께서 은혜를 주셔서 우리가
모든 일에 있어서 하나님의 뜻을 알고[7] 따르고[8]
순종할 수 있는 능력과 의지를 갖게 해 달라고 기
도한다.[9]

5) 마태복음 6장 10절 6) 시편 103편 20절~21절 7) 시편 119편 34절 8)
시편 119편 35절~36절 9) 욥기 1장 21절, 사도행전 21장 14절

벤자민 벧돔 신앙문답

1) **마태복음 6장 10절** 나라가 임하시오며 뜻이 하늘에서 이루어진 것 같이 땅에서도 이루어지이다

2) **시편 68편 1절** 하나님이 일어나시니 원수들은 흩어지며 주를 미워하는 자들은 주 앞에서 도망하리이다

3) **요한계시록 12장 10절~11절** 내가 또 들으니 하늘에 큰 음성이 있어 이르되 이제 우리 하나님의 구원과 능력과 나라와 또 그의 그리스도의 권세가 나타났으니 우리 형제들을 참소하던 자 곧 우리 하나님 앞에서 밤낮 참소하던 자가 쫓겨났고 또 우리 형제들이 어린 양의 피와 자기들이 증언하는 말씀으로써 그를 이겼으니 그들은 죽기까지 자기들의 생명을 아끼지 아니하였도다

4) **요한계시록 22장 20절** 이것들을 증언하신 이가 이르시되 내가 진실로 속히 오리라 하시거늘 아멘 주 예수여 오시옵소서

5) **마태복음 6장 10절** 나라가 임하시오며 뜻이 하늘에서 이루어진 것 같이 땅에서도 이루어지이다

6) **시편 103편 20절~21절** 능력이 있어 여호와의 말씀을 행하며 그의 말씀의 소리를 듣는 여호와의 천사들이여 여호와를 송축하라 그에게 수종들며 그의 뜻을 행하는 모든 천군이여 여호와를 송축하라

7) **시편 119편 34절** 나로 하여금 깨닫게 하여 주소서 내가 주의 법을 준행하며 전심으로 지키리이다

8) **시편 119편 35절~36절** 나로 하여금 주의 계명들의 길로 행하게 하소서 내가 이를 즐거워함이니이다 내 마음을 주의 증거들에게 향하게 하시고 탐욕으로 향하지 말게 하소서

9) **욥기 1장 21절** 이르되 내가 모태에서 알몸으로 나왔사온즉 또한 알몸이 그리로 돌아가올지라 주신 이도 여호와시요 거두신 이도 여호와시오니 여호와의 이름이 찬송을 받으실지니이다 하고

**사도행전 21장 14절** 그가 권함을 받지 아니하므로 우리가 주의 뜻대로 이루어지이다 하고 그쳤노라

## 제111문 네 번째 간구에서 우리는 무엇을 위해 기도하는가?

**답** 네 번째 간구 오늘날 우리에게 일용한 양식을 주
옵시고[1]에서, 우리는 이 세상에서 사는 동안 하
나님의 값없는 선물, 좋은 것들을 자신의 몫에 해
당하는 만큼을 받길 기도하고 그 복들을 누릴 수
있게 해달라고 기도한다.[2]

1) 마태복음 6장 11절 2) 잠언 30장 8절~9절, 디모데전서 4장 4절~5절

## 제112문 다섯 번째 간구에서 우리는 무엇을 위해 기도하는가?

**답** 다섯 번째 간구 우리에게 죄 지은 자를 사하여 준
것 같이 우리를 사하여 주옵시고[3]에서, 우리는
그리스도 때문에 하나님께서 우리의 모든 죄를
값없이 용서해주시길 기도한다.[4] 그리고 우리가
용기를 내어 우리의 죄를 용서해 달라고 힘을 얻
어 간구할 수 있는 까닭은 우리로 하여금 다른 사
람을 진심으로 용서하도록 하는 그리스도의 은
혜 때문이다.[5]

3) 마태복음 6장 12절 4) 시편 51편 1절~2절, 7절, 9절(참고. 다니엘 9장
17절~19절) 5) 마태복음 18장 35절, 누가복음 11장 4절

벤자민 벧돔 신앙문답

1) **마태복음 6장 11절** 오늘 우리에게 일용할 양식을 주시옵고

2) **잠언 30장 8절~9절** 곧 헛된 것과 거짓말을 내게서 멀리 하옵시며 나를 가난하게도 마옵시고 부하게도 마옵시고 오직 필요한 양식으로 나를 먹이시옵소서 혹 내가 배불러서 하나님을 모른다 여호와가 누구냐 할까 하오며 혹 내가 가난하여 도둑질하고 내 하나님의 이름을 욕되게 할까 두려워함이니이다

   **디모데전서 4장 4절~5절** 하나님께서 지으신 모든 것이 선하매 감사함으로 받으면 버릴 것이 없나니 하나님의 말씀과 기도로 거룩하여짐이라

3) **마태복음 6장 12절** 우리가 우리에게 죄 지은 자를 사하여 준 것 같이 우리 죄를 사하여 주시옵고

4) **시편 51편 1절~2절, 7절, 9절** 하나님이여 주의 인자를 따라 내게 은혜를 베푸시며 주의 많은 긍휼을 따라 내 죄악을 지워 주소서 나의 죄악을 말갛게 씻으시며 나의 죄를 깨끗이 제하소서 $^7$우슬초로 나를 정결하게 하소서 내가 정하리이다 나의 죄를 씻어 주소서 내가 눈보다 희리이다 $^9$주의 얼굴을 내 죄에서 돌이키시고 내 모든 죄악을 지워 주소서

5) **마태복음 18장 35절** 너희가 각각 마음으로부터 형제를 용서하지 아니하면 나의 하늘 아버지께서도 너희에게 이와 같이 하시리라

   **누가복음 11장 4절** 우리가 우리에게 죄 지은 모든 사람을 용서하오니 우리 죄도 사하여 주시옵고 우리를 시험에 들게 하지 마시옵소서 하라

**제113문 여섯 번째 간구에서 우리는 무엇을 위해 기도하는 가?**

**답** 여섯 번째 간구 *우리를 시험에 들게 하지 마옵시고 다만 악에서 구하옵소서*[1]에서, 우리는 하나님께서 우리가 죄 짓는 유혹에 빠지지 않도록 지키시고,[2] 우리가 죄에 빠졌을 때는 우리를 강하게 하시고 구원해주시길 위해 기도한다.[3]

1) 마태복음 6장 13절 2) 시편 19편 13절, 마태복음 26장 41절 3) 시편 51편 10절, 12절

**제114문 주기도문의 결론은 무엇을 가르치는가?**

**답** 주기도문의 결론 *나라와 권세와 영광이 아버지께 영원히 있사옵나이다. 아멘*은,[4] 우리가 기도할 수 있는 용기는 오직 하나님께로부터 온다는 것과[5] 기도 중에 하나님께 찬양해야 한다는 것과 왕국과 능력과 영광을 하나님께 돌려야 한다는 것을 가르친다.[6] 그리고 우리의 기도를 들으신다는 우리의 소망과 확신의 증거로 우리는 '아멘'이라고 말한다.[7]

4) 마태복음 6장 13절 5) 다니엘 9장 18절~19절(참고. 다니엘 9장 4절, 다니엘 9장 7절~9절) 6) 요한계시록 4장 11절(참고. 역대상 29장 10절 ~13절) 7) 고린도전서 14장 16절, 요한계시록 22장 20절

1) **마태복음 6장 13절** 우리를 시험에 들게 하지 마시옵고 다만 악에
서 구하시옵소서 (나라와 권세와 영광이 아버지께 영원히 있
사옵나이다 아멘

2) **시편 19편 13절** 또 주의 종에게 고의로 죄를 짓지 말게 하사 그 죄
가 나를 주장하지 못하게 하소서 그리하면 내가 정직하여 큰
죄과에서 벗어나겠나이다

   **마태복음 26장 41절** 시험에 들지 않게 깨어 기도하라 마음에는
   원이로되 육신이 약하도다 하시고

3) **시편 51편 10절, 12절** 하나님이여 내 속에 정한 마음을 창조하시
고 내 안에 정직한 영을 새롭게 하소서 [12]주의 구원의 즐거움을
내게 회복시켜 주시고 자원하는 심령을 주사 나를 붙드소서

4) **마태복음 6장 13절** 우리를 시험에 들게 하지 마시옵고 다만 악에
서 구하시옵소서 (나라와 권세와 영광이 아버지께 영원히 있
사옵나이다 아멘

5) **다니엘 9장 18절~19절** 나의 하나님이여 귀를 기울여 들으시며 눈
을 떠서 우리의 황폐한 상황과 주의 이름으로 일컫는 성을 보
옵소서 우리가 주 앞에 간구하옵는 것은 우리의 공의를 의지하
여 하는 것이 아니요 주의 큰 긍휼을 의지하여 함이니이다 주
여 들으소서 주여 용서하소서 주여 귀를 기울이시고 행하소서
지체하지 마옵소서 나의 하나님이여 주 자신을 위하여 하시옵
소서 이는 주의 성과 주의 백성이 주의 이름으로 일컫는 바 됨
이니이다

6) **요한계시록 4장 11절** 우리 주 하나님이여 영광과 존귀와 권능을
받으시는 것이 합당하오니 주께서 만물을 지으신지라 만물이
주의 뜻대로 있었고 또 지으심을 받았나이다 하더라

7) **고린도전서 14장 16절** 그렇지 아니하면 네가 영으로 축복할 때에
알지 못하는 처지에 있는 자가 네가 무슨 말을 하는지 알지 못
하고 네 감사에 어찌 아멘 하리요

   **요한계시록 22장 20절** 이것들을 증언하신 이가 이르시되 내가 진
   실로 속히 오리라 하시거늘 아멘 주 예수여 오시옵소서

# 벤자민 벧돔 신앙문답

초판 인쇄      2018년 5월 28일
초판 발행      2018년 5월 31일

지 은 이      벤자민 벧돔
옮 긴 이      김홍범
펴 낸 이      김홍범

펴 낸 곳      제5열람실(등록 2016. 11. 9. 제 367-2016-000037)
교정교열      고운석

주      소      대전시 유성구 반석서로 71번길 7 302호
전      화      (042) 825-1405
팩      스      (042) 825-1403

홈페이지      www. noeunsola.com
페이스북      www. facebook.com/the5threadingroom

인 쇄 소      영진문원

I S B N      979-11-963679-1-6 (04230)
             979-11-963679-2-3 (04230) 세트

이 도서의 국립중앙도서관 출판예정도서목록(CIP)은 서지정보유통지원시스템 홈페이지
(http://seoji.nl.go.kr)와 국가자료공동목록시스템(http://www.nl.go.kr/kolisnet)에서 이
용하실 수 있습니다.(CIP제어번호: CIP2018014128)